国际中文教师专业能力丛书

U0729406

GENERAL STUDIES
ON CROSS–CULTURAL
COMMUNICATION

赵金铭 主编

跨文化交际通识

杜道明 著

北京语言大学出版社
BEIJING LANGUAGE AND CULTURE
UNIVERSITY PRESS

©2024 北京语言大学出版社，社图号 24152

图书在版编目（CIP）数据

跨文化交际通识 / 杜道明著. -- 北京 ：北京语言
大学出版社, 2024. 9. --（国际中文教师专业能力丛书
）. -- ISBN 978-7-5619-6635-8

Ⅰ. H195.3

中国国家版本馆 CIP 数据核字第 20241P0019 号

跨文化交际通识
KUAWENHUA JIAOJI TONGSHI

排版制作：华伦图文制作中心
责任印制：周 焱

出版发行：北京语言大学出版社
社　　址：北京市海淀区学院路 15 号，100083
网　　址：www.blcup.com
电子信箱：service@blcup.com
电　　话：编辑部　　8610-82303395
　　　　　发行部　　8610-82303650/3591/3648
　　　　　北语书店　8610-82303653
　　　　　网购咨询　8610-82303908
印　　刷：北京鑫丰华彩印有限公司
版　　次：2024 年 9 月第 1 版　　印　　次：2024 年 9 月第 1 次印刷
开　　本：710 毫米 × 1000 毫米　1/16　印　　张：12.5
字　　数：193 千字
定　　价：58.00 元

PRINTED IN CHINA
凡有印装质量问题，本社负责调换。售后QQ号 1367565611，电话 010-82303590

编者的话

"国际中文教师专业能力丛书"（以下简称"丛书"），顾名思义，是一套为有志于从事国际中文教学的读者编写的丛书，也可以用作"国际中文教师证书"考试的参考用书。目的在于使其具备必有的知识，并获得基本教学能力，从而经检验最终取得教师资格。

随着国际中文教育事业的蓬勃发展，越来越多有志于从事国际中文教学和刚刚从事国际中文教学的人都摩拳擦掌，跃跃欲试，希望通过考试，验证一下自己作为国际中文教师是否合格。更多的人则希望获得证书，跻身国际中文教师行列。

但是这些应试者并不都是国际中文教育的专业背景，其中不少人具有其他专业背景，知识结构多样化，语言文化背景也有差别，并未受过汉语作为第二语言教学的专业培养。即使有人已进入国际中文教师队伍，比照证书大纲的要求，也还会发现自己的短板或弱项，需要进一步充电学习。

本套"丛书"除了作为国际中文教育硕士专业课程的教材外，还可作为国际中文教师证书考试的备考材料，以便应试者在知识结构和能力水平两方面进行提升，从而能够面对资格检验，验证其是否为合格的国际中文教师。

"丛书"面向的读者对象，约略有如下三种：

一是准备参加"国际中文教师证书"考试获取证书的人，可把"丛书"作为备考的参考用书；

二是非语言学、汉语专业出身的人，兴趣所在，将来有志于从事国际中文教学工作，可把"丛书"作为入门自学的教材，以便之后参加考试；

三是国际中文教育硕士专业的学生或已进入国际中文教师队伍的人，可把"丛书"作为教材，提升个人修养和教学能力。

"丛书"的编写酝酿已久。2007年，国家汉语国际推广领导小组办公室（以下简称"国家汉办"）研制了《国际中文教师标准》（以下简称《标准》）。这个《标准》由五项能力标准组成，分别是语言基本知识与技能、文化与交际、第二语言习得与学习策略、教学方法、教师综合素质。

《标准》涵盖汉语作为第二语言教学的方方面面，突出能力的描述是其特色。为满足国际中文教师之需要，我们根据国家对外汉语教学领导小组办公室编写的《汉语作为外语教学能力等级标准及考试大纲》，撰写并从2008年起陆续出版了一套"汉语作为第二语言教学丛书"。

国际中文教育事业不断发展，国际中文教师有很大缺口。补充新教师，不断提升新教师的业务水准，已成为当务之急。2015年，孔子学院总部/国家汉办又颁布了《国际中文教师证书考试大纲》（以下简称《大纲》）。《大纲》按照《标准》中的五项能力标准，规定了应试者所应具备的各项能力。《大纲》更加注重汉语教学基础、汉语教学方法和课堂教学，并以此为特色。《大纲》中的五项能力标准为汉语教学基础、汉语教学方法、教学组织与课堂管理、中华文化与跨文化交际、职业道德与专业发展。

在新形势下，教材必须适应变化了的情况，于是我们决定在原"汉语作为第二语言教学丛书"的基础上，重新调整内容，改变行文方式，增添新知识，注重能力培养。这样，新编的"丛书"就以《大纲》的五项能力标准为基础，即如何才能掌握这些能力，这些能力又如何使其胜任国际中文教师。这样看来，必须全面掌握汉语和中华文化相关知识，熟悉汉语作为第二语言教学的原则与方法，才能将所学知识转化为汉语教学能力。能力是在掌握知识的基础上，经思考、训练、实践而具备的本领。基础知识加基本技能，经实践检验，才能具有专业资格。

"丛书"并未完全依照《大纲》的五项能力标准依序成书，而是依据知识与能力的系统性，按照科学的逻辑顺序及从知识到能力的发展脉络，设计了六本书，依次如下：《汉语纲要》（施春宏著）[①]、《汉语国际教

[①] 《汉语纲要》分为上、下两册。

育概说》（刘长征著）、《汉语要素教学》（毛悦著）、《汉语技能教学》（翟艳和苏英霞著）、《汉语课堂教学》（姜丽萍著）、《中华文化与跨文化交际》（杜道明著）①。这六本书的内容并不完全对应《大纲》的五项能力标准，虽涵盖了《大纲》的全部内容，但在内容的安排上采取了交叉处理的方式，以体现知识与能力系统的渐进性与完整性。

"丛书"着眼于系统知识的梳理，在汉语知识、中华文化知识和汉语教学知识等方面涵盖应试的全部内容，在汉语教学能力、汉语教学方法、跨文化交际能力方面提供大量实际案例，以使应试者具备《大纲》要求的知识结构和能力水平。

"丛书"没有采取依据考试大纲编写模拟题的做法，而是从知识结构的需求、技能训练的标准出发，构建了国际中文教师应具备的汉语知识与教学技能的完整框架。应试者按照"丛书"进行准备，不管以后考试遇到什么问题，均能调动所学内容进行类推对比、举一反三，可以应用裕如。

"丛书"内容与《大纲》内容交叉情况如下：

（1）《汉语纲要》对应标准1"汉语教学基础"的知识部分。

包括：具备汉语语言学基本知识，具备基本的汉语语音、词汇、语法和汉字的分析能力。附思考与检测、常见语法偏误分析，突出汉语语法的特点。

（2）《汉语要素教学》《汉语技能教学》对应标准1"汉语教学基础"的汉语教学原则及标准2"汉语教学方法"的全部内容。

包括：用大量实际案例，介绍汉语语音、词汇、语法、汉字的教学方法与技巧，介绍听、说、读、写的训练方法与技巧。无论是要素教学还是技能训练，都注重综合教学。

（3）《国际中文教师中华文化通识》和《跨文化交际通识》涵盖标准4"中华文化与跨文化交际"的全部内容。

包括：了解中华文化基本知识，具备文化阐释和传播的基本能力；了解中国基本国情，能客观、准确地介绍中国；具有跨文化意识和跨文化交

---

① 《中华文化与跨文化交际》分为《国际中文教师中华文化通识》和《跨文化交际通识》两册。

际的能力。

（4）《汉语课堂教学》涵盖标准3"教学组织与课堂管理"的全部内容。

包括：熟悉汉语教学标准和大纲，并能进行合理的教学设计；能根据教学需要选择、加工和利用教材与其他教学资源；能设计课堂教学的任务与活动；能进行有效的课堂管理；能高效地组织课外活动；了解测试与评估的基本知识，能对学习者进行相对准确的测试与评估。

（5）《国际中文教育概说》则涵盖了标准5"职业道德与专业发展"及上述各书难以容纳的《大纲》内容。

包括：汉语作为第二语言教学的一些分支学科知识，如第二语言教学的一般原则、第二语言习得的基本原理；一些具有相对独立性的内容，如"了解现代教育技术，并能应用于教学""了解测试与评估的基本知识和主要方法"。将上述具有理论色彩的一些问题，与职业道德、职业规范，以及教育研究能力与专业发展意识并入一册。

考虑到读者可能来自国内外不同的教育环境，教学理念多有不同，外语教学传统也各有差异，学习策略更是因人而异，即使知识结构也有高下、浅深之分，因而"丛书"的编写原则为：

一是多采用一般性、通用的理论，注重带有规律性的结论。无论是语言理论、语言教学理论还是语言学习理论，都选取已形成共识的观点。个人的不成熟的具有创新意义的意见一般不进行重点阐述。

二是理论与实践密切结合，注重教学技能的培养。以教学实例阐释教学原理，用案例证实学习规律；设计一些思考题，引导读者深入思考，加深认识。不尚空谈，授人以"渔"。

"丛书"的七位作者均为北京语言大学教授。七位教授都有二三十年的国际中文教学与研究的经验，他们对国际中文教师应具备的知识与技能，以及如何准备应试，胸有成竹，情况明了。

"丛书"的出版单位北京语言大学出版社一贯重视国际中文教师的培训与培养，此次为策划这套"丛书"，曾多次组织编写组成员论证，从确定内容到研讨体例，集思广益，尽力使本套"丛书"能符合客观实际需要，满足读者的需求。我们希望这套"丛书"可以为国际中文教育事业略尽绵薄，当然书中难免有疏漏与不足之处，更期待广大读者不吝赐教。

赵金铭

前　　言

　　孔子学院总部/国家汉办于2015年研制了《国际汉语教师证书考试大纲》，其中的"标准4.3"包括：（1）了解世界主要文化的特点；（2）尊重不同文化，具有多元文化意识；（3）能自觉比较中外文化的主要异同，并应用于教学实践。"标准4.4"包括：（1）了解跨文化交际的基本原则与策略；（2）掌握跨文化交际技巧，能有效解决跨文化交际中遇到的问题；（3）能使用任教国语言或英语进行交际和教学。

　　2022年8月26日，世界汉语教学学会团体标准委员会审定了团体标准《国际中文教师专业能力标准》（以下简称《能力标准》），旨在为国际中文教师培养、培训、专业能力评价和认定、专业发展与职业规划等提供依据。《能力标准》规定了国际中文教师的基本专业要求，是国际中文教师实施教学的基本行为规范，是引领国际中文教师专业发展的基本准则。国际中文教师的专业能力标准包括以下六个方面：

　　（1）师德为先；

　　（2）素养为基；

　　（3）学习者为本；

　　（4）具备跨文化交际能力；

　　（5）注重合作；

　　（6）终身学习。

　　第四个方面就是国际中文教师要"具备跨文化交际能力"。

　　美国学者爱德华·霍尔（Edward T. Hall）在1959年出版的《无声的语

言》（*The Silent Language*）被视为跨文化交际学的奠基之作，首次提出"跨文化交际"的概念，标志着跨文化交际学的诞生。跨文化交际学在中国大致是20世纪80年代初开始得到重视，重点是外语教学及文化与语言的关系。

2022年华语教学出版社出版了《国际中文教育用中国文化和国情教学参考框架》。那么，在国际中文教育领域，"跨文化交际"具有怎样的重要性呢？作为国际中文教师，怎样才能在汉语教学中更好地进行跨文化交际呢？这些问题就是本书要探讨的主要内容。

目　录

第1章 跨文化交际概说

1 跨文化交际的定义

关于"文化"的概念，我们在《国际中文教师中华文化通识》[①]一书中做了界定，这里不妨引用一下Brown（1978）对"文化"所下的定义："文化是占据特定地理区域的人们共同所有的信念、习惯、生活模式和行为的集合体。他们的文化……对于日常生活提出的各种问题给予答案：例如，吃什么，不吃什么，穿什么衣服，怎样向邻居打招呼，怎样对待敌人，怎样对待工作，怎样玩，等等——简而言之，就是在碰到生活中的问题时怎么办。文化帮助我们解释宇宙，说明宇宙的来源，以及由谁来主宰，它说明人与上帝的关系，解释自然的变化无穷并且常常是令人害怕的现象。简言之，文化是群体的多数——假如不是全体——所接受的生活的指南。"值得注意的是Brown对"地理区域"的强调，这说明不同的"地理区域"往往会形成不同的文化。因此，不同的国家出现不同的文化现象也是毋庸置疑的。

文化是人们行动的指南，人们的一言一行都是由一定的文化所规定的。正如Kroeber & Kluckhohn（1952）所指出的："文化在每一个环节都规定着我们的生活。从我们诞生到我们死亡，不论我们是否意识到，在我们身上都经常有一种压力，逼迫我们遵循别人为我们创造的某些行为方式。有些方式我们乐意遵循是因为我们知道没有其他选择，而还有的方式我们偏离而去但又极不情愿地重新接受。"总之，一定的文化是产生它的那个地理区域的人们所必须遵循的行为规范。

再说一下什么是"交际"。所谓交际，简言之即人与人之间的交往，通常指两人及两人以上通过语言、行为等方式交流意见、情感、信息的过程。交际是人们运用一定的手段传递信息、交流思想，以达到某种目的的社会

[①] 杜道明. 国际中文教师中华文化通识 [M]. 北京：北京语言大学出版社，2023.

活动。

　　了解了"文化"和"交际"这两个概念之后，我们把二者联系起来，什么是"跨文化交际"呢？

　　跨文化交际作为一种社会现象，其历史十分悠久，但作为一门学科，其研究历史却较短暂。学术界普遍认为，严格意义上的跨文化交际研究兴起于20世纪50年代末。1959年美国文化人类学家爱德华·霍尔（Edward T. Hall）出版的《无声的语言》（*The Silent Language*）首次使用了"跨文化"（intercultural communication）这个概念，标志着跨文化交际学的诞生。在研究过程中，人们对跨文化交际所下的定义也多种多样，各有侧重。总的来看，主要是从社会学和文化学角度来定义的。例如：跨文化交际是指文化观念和符号系统迥异的人们之间的交际，跨文化交际是指具有不同文化背景的人们所进行的思想和信息交流的活动，跨文化交际是不同文化背景的人们运用符号来创设含义和对创设含义进行解读的互动交流过程，等等（李建军、李贵苍，2011）。

　　在我们看来，所谓"跨文化交际"，简言之，就是具有不同文化背景的人进行交际的过程。

2　广义的跨文化交际

　　跨文化交际活动自古就有，而且是贯穿于人类历史的普遍现象。如中国汉代开通的"丝绸之路"就是中国通过商业往来与中亚、西亚、非洲及欧洲进行跨文化交际的大通道。唐代玄奘大师的西游，鉴真大师的东渡，元明清时期西方传教士在华的活动，郑和下西洋①，乃至历经数百年的西学东渐，等等，都包含了许多跨文化交际的内容。

　　一般来讲，具有相同文化背景的人之间的交际是同文化交际，而不同文化背景的人之间的交际则称为跨文化交际。但是，在一个大的文化系统的主流文化下面还有若干个亚文化，比如中国文化算是一个大的文化系统，在它下面还有不同地区的文化、不同民族的文化、不同宗教信仰的文化。不同

---

① 明朝的"西洋"指的是今文莱以西的东南亚和印度洋沿岸地区。

年龄、性别、职业、受教育程度、经济状况等的人们，其思维方式、行为方式、看问题的态度、风俗习惯、生活爱好等等，也会有所不同，从而形成文化的差异性。

中国幅员辽阔，各地的民情风俗也各不相同。如果按地区性来划分，京派文化、海派文化、岭南文化是比较典型的。不同地方的人都有各自独特的方言、价值观和风俗习惯。上海人给人的印象是新潮、精明、生活在大都市的优越感等，而东北人给人的印象则是豪爽、不拘小节和乐于助人。中国人的口味更有所谓"南甜、北咸、东辣、西酸"之说，萝卜青菜，各有所爱。如果按社会特性来划分，则有民族、阶层、职业、性别、年龄等文化特征。比如：城市文化和农村文化、男性文化和女性文化、青年文化和老年文化的区别。中国有56个民族，生活习俗各具特色，有的差异还相当大。这一点大家司空见惯，不必赘述。

主流文化之下的不同民族、不同社会群体、不同地区的人之间的交际，即亚文化之间的交际也是一种跨文化交际，甚至任何两个人之间的交际都是跨文化交际。在这里我们可以称之为广义的跨文化交际。

但是，这种广义的跨文化交际并非我们所要关注的对象。这是因为：

第一，亚文化虽然与主流文化有所差异，但它仍然从属于主流文化，是主流文化的一个分支，离不开主流文化这个母体。因此在承认主流文化内部亚文化差异的同时，不应过分执着于这种差异。

第二，近年来，随着交通工具和通信手段的迅速发展，传媒的日益先进及其影响的不断扩大，人口流动日益增加，地区之间的文化交流愈加频繁，不可避免地加剧了亚文化之间的交融与整合。在这种情况下，要保持地区性亚文化的特性变得越来越困难，亚文化向主流文化的趋同成为不可逆转的时代潮流。亚文化之间的交际虽然也是一种广义的跨文化交际，但其重要性越来越弱也是不争的事实。

第三，至于说任何两个人之间的交际都是一种跨文化交际，这种观点显然太绝对化了，极易导致交际文化的空泛比较，而这种比较研究几乎是毫无意义的。因为文化通常不是指个人的行为，而是指一个群体的生活方式和风俗习惯等等。因此对个人之间差异的研究，只有在我们把他们当作群体的代表时才有意义。

有鉴于此，我们认为胡文仲（1999）在《跨文化交际学概论》中的意见是十分精当的。他说："在研究一个国家的文化特点时，我们的眼光首先应集中在它的主流文化上，其次才注意它的亚文化和地区文化特点。"他进而把它们分为主流文化、亚文化、地区文化、小群体文化，并指出跨文化交际研究应该首先把目光集中于国别研究，集中于一个国家中的主流文化。

目前中国跨文化交际的研究对象主要是主流文化之间的交际，尤其集中在国别研究和一些主要国家之间的主流文化的研究。

3　国际中文教育领域中的跨文化交际

研究跨文化交际可以从社会学、人类学、心理学、语言学等不同角度进行。例如：中国人民大学沙莲香教授主持的"中国传统文化与中国人民族性格研究"是从社会心理学的角度进行的。在美国从事跨文化交际研究的学者，有的是人类学家，如爱德华·霍尔（Edward T. Hall）；有的是心理学家，如伯德惠斯特尔（Birdwhistell）；也有一部分是语言学家和外语教师。欧洲国家的跨文化交际研究则与语言学关系密切。研究的角度不同，得出的结论自然也会各有侧重。

国际中文教育这一领域的特点，决定了它是一项广泛涉及跨文化交际的活动。无论是在中国国内从事汉语教学的教师，还是被派往海外的汉语教师，跨文化交际都是他们教学工作和日常生活的重要组成部分。因此，对从事国际中文教学的教师来说，学习跨文化交际知识，提高跨文化交际能力，是一项迫切的任务。

我们这里所说的跨文化交际，与一般广义的定义不同，属于狭义的跨文化交际。由于它是专指国际中文教育中的跨文化交际，所以是在特定语境下的跨文化交际，这也是本书强调的重点。从国际中文教育的角度，"跨文化交际"的概念可以界定为：在特定的交际情景中，具有不同文化背景的交际者使用同一种语言（母语或目的语）进行交际的过程。

国际中文教育领域的跨文化交际，应该包含以下几个要点：

3.1　交际双方来自不同的文化背景

如果交际的双方来自相同的文化背景，就不存在跨文化交际的问题。所以构成跨文化交际的首要条件就是交际双方来自不同的文化背景。这里所说的不同的文化背景，指的是不同文化圈之间的文化背景。众所周知，中国文化和西方文化的差异十分明显。中国和欧美国家的人际交往，由于文化差异较大，最容易导致交际失误，甚至引发冲突。相比之下，中国与日本、韩国及东南亚国家的人际交往则要顺利得多，原因就在于，虽然也有一定的文化差异，但毕竟同属于大儒家文化圈，彼此之间在文化取向和交际规则方面有很多相似之处，所以沟通起来相对容易一些。但由于分属不同国家的文化圈，文化差异对交际过程的影响仍然是显而易见的。

3.2　交际双方使用同一种语言交际

人与人之间最主要的交际方式就是语言交际，但如果来自不同文化背景的交际双方各自使用自己的母语，谁也听不懂对方在说什么，那么交际是无法进行的，因此双方必须使用同一种语言才能达到交际的目的。比如中国人和日本人交谈，既可以使用汉语，也可以使用日语，双方使用同一种语言进行交际，而不需要通过翻译，这才能够构成跨文化交际。我们这里是立足于国际中文教育，其特点是强调中国人与汉语作为第二语言/外语的外国人之间的交际，所以在绝大多数情况下是使用汉语进行的跨文化交际。

3.3　交际双方首先进行的是实时的口语交际

从国际中文教育的角度来说，交际双方首先进行的应该是实时的口语交际，这是国际中文教育与其他外语教学最主要的教学方式。当然也不排除伴随口语交际而可能发生的书面语交际，这种辅助性的交际方式就是文字传播方式的交际。另外，随着网络的日益普及，通过网络视频或语音方式进行的汉语教学活动也越来越多，并非一定要进行实时的口语交际，但实时的口语交际仍然是最主要的交际方式。而且不管是用哪种方式，都不可避免地要涉及跨文化交际问题。

3.4 交际双方有时采用非语言交际

有人认为在国际中文教育活动中，只有实时的口语交际才算是跨文化交际，这种认识显然是片面的。在国际中文教育活动中，非语言交际同样具有强烈的文化特性，它是跨文化交际中不可或缺的组成部分，忽视或者排斥非语言交际，就只能是一种不完全交际。还有人虽然承认非语言交际的重要作用，但只谈体态语，而忽略了非语言交际的其他方面，这也是片面的。非语言交际行为是后天习得的结果，理应成为国际中文教育中跨文化交际的有效手段。

4 国际中文教师具备跨文化交际能力的必要性

国际中文教师无论是在国内课堂上教授来自世界各地的留学生，还是去国外教授汉语，首先都是一种跨文化交际的行为，其次才是教授汉语的行为。国际中文教师的跨文化交际知识在很大程度上决定着其汉语教学及文化交流的成败，国际中文教师跨文化交际能力的高低也直接影响着教学效果，因此，具备跨文化交际能力十分必要。这主要体现在以下几个方面：

4.1 有助于加深对中国文化的理解

人们对本民族的思维方式、价值观念、审美取向、道德规范、行为方式、风俗习惯等等文化因素，常常处在集体无意识的状态之中，习焉不察，习以为常。只有在面对异质文化，处在跨文化交际环境中时，才能更加深刻地意识到本民族文化的本质特点，也就是从自在状态进入自觉状态。国际中文教师要比一般人更多地处在跨文化交际的环境中，并且肩负着传播中国文化的历史使命，因此自身首先要学好跨文化交际知识，加深对中国文化的理解，然后再传授给来自不同国家的汉语学习者。

4.2　有助于提高跨文化交际意识的敏感度

对异质文化的敏感度是成功进行跨文化交际的首要条件。因此，培养跨文化交际意识通常被视为提升跨文化交际能力的第一步。如前所说，国际中文教学的过程就是跨文化交际的过程，因此教师自身的跨文化交际意识有着重要的意义。对于派往海外的汉语教师来说，课堂上要与学生进行教学方面的交流，课下还要与当地的同事、居民在工作和生活方面进行沟通。这就要求国际中文教师除了要具备扎实的专业功底，还应具备敏锐的跨文化交际意识。在国内从事国际中文教学的老师可能会比赴海外教学的汉语教师面临的挑战更大，因为国内的班级大多为小联合国式的班级，更需要老师提高跨文化交际的敏感度。除了一些常见的显性的文化差异，国际中文教师还需注意不同文化之间隐性的文化差异。

4.3　有助于树立兼容并蓄的跨文化交际态度

国际中文教师在跨文化交际的过程中常会形成三种文化定式：（1）因自身有限的教学经验而形成的文化定式；（2）因本民族文化而形成的文化定式；（3）因自身所崇尚文化而所形成的文化定式。无论国际中文教师持有何种文化定式，都会对国际中文教学产生不利影响，阻碍跨文化交际的有效性。在文化全球化的时代，要坚持民族性与世界性、多样性与统一性的辩证统一，倡导文化之间的相互尊重和求同存异。在国际中文教育领域，特别需要树立兼容并蓄的跨文化交际态度。

这种兼容并蓄的态度要求我们必须摒弃文化定式和对异质文化的刻板印象，对其他文化保持开放的态度，培养理解异质文化的积极心态，面对文化冲突，用同理心去理解和接纳，化被动为主动，提高自己的跨文化交际能力。总之，国际中文教师要在平等、尊重、理解、包容的基础上进行跨文化交际。

4.4　有助于提高文化适应力和应变力

如何适应异质文化环境是每一位国际中文教师必须面对的现实问题。从职业特点来说，国际中文教师是在跨文化交际环境中进行汉语教学，学生学习汉语是跨文化学习的过程，教师教学也是跨文化教授汉语的过程。无论是在目的语环境，还是在非目的语环境，教师都要面对不同文化背景的学习者，这就要求教师必须具备较强的文化适应力和应变力。只有学习跨文化交际知识，了解跨文化交际的特点，尤其是文化冲突的原因、表现和对策，才能切实提高文化适应力和应变力。同时，教师也要及时了解汉语学习者对中国文化的适应程度，才能更好地帮助他们理解中国文化，促进其汉语学习。

4.5　有助于提高跨文化交际环境中的汉语教学水平

对国际中文教师来说，无论是在国内，还是在国外，都必须了解教学对象的文化背景，这对于顺利进行汉语教学有着不容忽视的作用。有效的课堂管理技能是教师能否成功进行教学的重要因素之一。如下面这个案例："小赵老师新入职一所国际学校负责教授中学生汉语。教学之初，她认为自己是汉语国际教育专业硕士，因而充满信心，但很快发现工作压力非常大……上课也不顺利。她教的班级以韩国、日本等东亚学生为主，也有德国、美国、加拿大等欧美学生。东亚学生相对拘谨，欧美学生比较开朗却易冲动，她在课堂上提问时，常常问题刚提出就被几个欧美学生抢答了，东亚学生却忙于记录问题、书写答案。久而久之，东亚学生成了听众。"[①]因此，国际中文教师要了解学生的文化心理特点，准确把握学生的学习兴趣和实际需求，进行有针对性的教学，以确保自己课堂教学的有效性，提高教学水平。

---

① 案例出自徐子亮 2020 年在北京语言大学出版社出版的《对外汉语教学心理学》（第 2 版）。

思考题

1. 什么是"广义的跨文化交际"? 我们为什么不能过分关注它?

2. 为什么学习跨文化交际知识,提高跨文化交际能力,对国际中文教师来说是一项迫切的任务?

3. 什么是"狭义的跨文化交际"? 从国际中文教育的角度,应该怎样理解"跨文化交际"? 它包含哪些要点?

4. 为什么说国际中文教师具备跨文化交际能力十分必要?

5. 为什么学习跨文化交际知识有助于加深对中国文化的理解?

6. 为什么学习跨文化交际知识有助于提高跨文化交际意识的敏感度?

7. 为什么学习跨文化交际知识有助于树立兼容并蓄的跨文化交际态度?

8. 为什么学习跨文化交际知识有助于提高文化适应力和应变力?

9. 为什么学习跨文化交际知识有助于提高国际中文教师的教学水平?

第2章　国际中文教育领域中的文化因素

　　语言是文化的凝聚体，文化是影响语言的重要因素，语言与文化的特殊关系决定了国际中文教育不可能在"文化真空"中进行。因此在国际中文教育界早已形成了一种共识：在国际中文教育中离不开文化的交流与传播，在具体的汉语教学中必须注入文化因素，以帮助外国学生克服文化冲突带来的障碍，从而保证国际中文教学工作的效果。

1　语言与文化的关系

　　文化的发展具有历史的连续性，而这种连续性又是通过语言的交流活动来实现的。因此，语言与文化的关系问题就成了我们无法回避的一个重要问题。

　　关于语言与文化的关系问题，学术界提出了多种观点，其中有代表性的有"萨丕尔–沃尔夫假说"（Sapir-Whorf hypothesis），认为语言结构是文化结构的本源和决定因素；格里姆肖（Grimshaw）的观点认为语言结构和社会文化结构"互限"（co-determination）；乔姆斯基（Chomsky）的学说认为语言结构和社会文化结构都是受第三种因素诸如人的本质、人脑结构、人类思维特征等决定的；实证主义则认为语言结构和社会文化结构之间只有"伙伴关系"、相关关系，而无因果关系。还有语言是文化的载体说、语言与文化的基本特征一致说、语言是文化传播的工具说等等[①]。由此可见，问题还是相当复杂的。

　　我们认为，对语言和文化的关系问题，不应采取简单化、极端化乃至虚无化的态度，也不应把语言和文化完全对立起来，而应从普遍联系的角度辩证地加以分析。我们从以下几方面加以说明：

---

① 杜道明.语言与文化关系新论 [J].中国文化研究，2008（4）.

1.1　语言是一种社会文化现象

语言究竟是什么？普通语言学认为语言是由词汇和语法构成的系统。[①]
这是对语言的本质所下的最基本的定义。不过，如果从社会语言学、历史语
言学、文化语言学等角度来看，又会得出各种不同的解释。可见，要对语言
下一个大家都认可的定义并非易事。

实际上，人们对语言本质的认识也有一个漫长而复杂的过程。在人类的
早期，经历了一个万物有灵的泛神论阶段，人们崇拜很多神灵。语言虽然存
在于社会生活中，却是看不见摸不着的，而它在人们的生活中又十分重要，
因此，带有神奇色彩的语言就顺理成章地被人们视为一种神了。如信奉印度
婆罗门教的人就把语言当作一个伟大的神灵加以崇拜。直到19世纪科学语言
学产生之后，语言仍被做出种种不同的解释。如历史语言学家就把语言看作
一种机械现象或自然界的有机体；结构主义语言学家认为语言是一种符号体
系；到了乔姆斯基，则把语言当作人脑的先天机制。这些看法有一个共同
点，就是都没有看到语言与社会、文化之间的关系。

当然，近代语言学史也有另外一种传统，即重视语言与社会、文化
的联系，如法兰西学派，即19世纪与20世纪之交，由M.格拉蒙（Maurice
Grammont）和A.梅耶（Antoine Meillet）在法国建立的语言学学派。他们主
张研究语言演变要注意心理、生理因素，并强调语言的社会性。19世纪末和
20世纪初，鲍阿斯（Boas）和萨丕尔（Sapir）又强调了语言与社会、历史、
文化的联系，并且把语言学视为一门社会科学。

从严格的意义上说，语言的本质属性与人的本性是密不可分的。人与动
物的根本区别在于人有社会性，而动物没有。人的社会性又集中表现在语言
和文化方面，因而语言和文化是人类社会活动的特有产物。换言之，人只有
在创造语言和文化的社会活动中才能成为真正意义上的人。在一定意义上，
人之有语言和人之有文化，是从不同的角度对人之本性的揭示。人、语言、
文化这三者，正是在社会性这一点上统一了起来。

---

① 高名凯，石安石.语言学概论 [M].北京：中华书局，1963：16.

　　我们承认语言是一种社会现象，实际上也就承认了语言是一种文化现象。但语言不等于文化，同样，文化也不等于语言，二者的概念有大小之分，有包容与被包容之分。文化是一个大概念，它既包括物质文化，也包括精神文化。其中精神文化中又包括物化形态（如文学艺术作品等）和尚未物化的文化因素，如思维方式、价值观念、道德情操、宗教感情、民族意识、民族气质、审美趣味等等。这些尚未物化的文化因素，只存在于人的意识之中。我们说语言是一种文化现象，因为它是人类精神活动的产物，所以可以把它归之于精神文化之列。不过，语言是已经物化了的一种精神文化现象，是自成体系的特殊部分。总之，如果说文化是涉及人类生活方方面面的一个大系统的话，那么语言就是其中的一个子系统。然而这种包容关系还只是语言与文化之间复杂关系的一个方面，要全面认识二者之间的关系，还要做进一步的考察。

1.2　语言与文化之间的对应性与非对应性

　　大家知道，任何一种语言都不是一成不变的，而是在不断发展的。语言的发展水平又是以其丰富和准确程度来衡量的，不过这一点并不取决于语言本身属于何种类型，而是取决于使用该语言的国家的文化发展水平。因此，一般来讲，语言的丰富、准确程度与它所属的文化的发展水平基本上是平行的、对应的。

　　假如我们比较不同的语言及其文化，就会发现，语言之间的许多不同之处正反映了文化之间的差异；同样的，语言中的许多相同或相似之处，也体现了不同文化之间的共性。比如颜色，从物质属性来说属于一种连续性的光谱，它在任何地方的表现形式都是一样的。但是各种类型的语言对颜色的表达却有很大差异：有些语言表示颜色的基本词多达11个，有些语言则少一些，最少的只有两个。语言中表示颜色的基本词的多少，与它所代表的文化的发达程度基本吻合。在欧美国家的语言中，表示颜色的基本词较丰富，如英语和法语中各有11个；在缅甸语中有7个颜色基本词，在印度阿萨姆邦的加罗语（Gallo）和菲律宾境内的哈努诺语（Hanunoo）中，各有4个颜色基本

词，使用这些语言的社会，其发展水平都属于中等偏下。在某些非常偏僻的
地区，语言中的颜色词很少，如新几内亚岛上的丹尼语（Dani）只有两个表
示颜色的基本词。这些现象并非偶然的巧合，而是有着一定的必然性。因为
一个社会越繁华，它对各种事物的分类要求就越高。反映在语言上，自然是
词汇的丰富和准确。

　　值得注意的是，特定的语言并非总是和特定的文化相对应，而是呈现
出复杂的情况。比如同样是使用英语或西班牙语的国家，英国和西班牙比较
发达，而它们原先的某些殖民地国家则相对落后。世界上有许多说英语的民
族，却由于地理隔离而形成了不同的文化圈。最明显的例子是英美两国尽管
都有盎格鲁-撒克逊（Anglo-Saxon）这一共同的文化遗产，但地理隔离却使
两国文化产生了明显的差异。虽然两国的文化差异不足以使两国的英语分裂
成为两种截然不同的语言系统，但文化的差异在英国英语和美国英语中的反
映还是显而易见的。同样，除西班牙外，在中南美洲、非洲西海岸和美国南
部，还有相当多的人以西班牙语为第一语言，他们的文化各具特色，但我们
不能把他们的文化看成同一种类型。

　　另一方面，在同一种类型的文化之中，也常常包含着两种以上的不同语
言。如拉丁文化，就既包含着西班牙语文化，也包含着法语文化、意大利语
文化、葡萄牙语文化等等。我们常说的西方文化，更是包含了日耳曼文化、
希腊文化和罗马文化等，而西方文化所包含的语言数量就更为可观了。

　　语言与文化之间的这种非对应性，是否意味着语言与文化可以分离开来
呢？当然不是！大家知道，语言和文化都有鲜明的民族性，同时也都具有习
得性。它们不能通过遗传而获得，必须经过学习才能掌握。但是，语言和文
化的变化却不是如影随形般地完全同步。换言之，学会了一种语言，并不意
味着习得了它所代表的那种文化。相比较而言，所习语种的改变可以是直接
的、超前的；而文化的改变却是间接的、滞后的。比如一个人学会了汉语，
就如同他学会了用筷子吃饭；如果他后来又学会了英语，并主要用英语进行
交际，这就如同他把筷子换成了刀叉。可是语言虽然改变了，他原先所接受
的汉语文化却不可能马上改换成英语文化。在日常生活中常常可以见到这样
一种现象，一个中国人移民到了美国或加拿大、澳大利亚，他可以在不太长

的时间里学好英语并熟练地进行交际，但却很难融入当地的主体文化之中。至于深层意识中的东西，如民族意识、宗教意识、乡土观念等等，更是根深蒂固。因为精神文化一旦定型之后，就会构成人们的思维定式和行为导向，并不因所用语言的改变而很快消失。这种现象同时也说明，语言作为文化大系统中的一个子系统，具有相对的独立性。一种语言可以在世界上任何地方流行，而它所代表的文化却往往受到地理、宗教等多方面的限制。

尽管语言有相对的独立性，但它却不可能存在于文化系统之外。一方面，语言系统本身就是构成文化大系统的要素之一；另一方面，文化大系统的其他要素又需要借助语言来表达，从而不断发展。从符号学的角度来看，语言以外的符号，如聋哑人的手势、交通信号、莫尔斯电码等，也能表达某种意思，但跟人类的语言相比，却显得那么微不足道。假如没有语言作为媒介，文化大系统中的其他子系统，不可能发展到当今这种发达的程度。因此，语言和文化是不可分割的，无论从哪方面看，文化都离不开语言。

1.3　语言是文化的凝聚体

不同的语言学流派往往有不同的语言观。传统语言学把语言看作人们交流思想的工具，转换生成语言学把语言看成人类的天赋机制，结构主义语言学或把语言看成由刺激和反应构成的人类行为模式，或把语言看成由能指和所指构成的符号体系，等等。一般来说，这些语言观对于建立各自学派的语言学理论是比较合适的，因为它们都从不同的角度揭示了语言某一方面的本质。不过，它们都没有触及语言的文化属性，更没有揭示语言与文化的关系。而后者在跨文化交际和国际中文教育领域却是一个十分重要的问题。

在国际中文教学界，人们长期受到工具主义语言观的影响，认为"语言是工具、武器，人们利用它来互相交际，交流思想，达到互相了解"。[①]就语言的主要功能来说，语言是交际工具的说法是可以成立的，但这一说法却存在一些问题。

---

①　高名凯，石安石.语言学概论 [M].北京：中华书局，1963：23.

首先，它无法彻底说明作为交际工具的人类的语言交际和动物的交际方式有何本质不同，而这一问题恰恰是我们认识语言本质所不能回避的问题。美国语言学家霍凯特（Charles Francis Hockett）[①]曾列举了人类语言的13个特征：（1）声耳渠道；（2）四散传播与定向接受；（3）迅速消失；（4）互换性；（5）整体反馈；（6）专门化；（7）语义性；（8）任意性；（9）分离性；（10）替代性；（11）滋生力；（12）传统传导；（13）模式二重性。其中前9种是动物交际与人类语言交际的共有特征，只有后4种才是人类语言交际区别于动物交际的重要特征。[②]但是由于这后4种特征只是人类语言在使用、滋生、构成和传递等方面的特征，它们并不能说明人类语言交际与动物交际方式的本质区别。因此，仅仅从交际工具的角度，既无法揭示语言的根本属性，也无助于对语言和文化关系的理解。

其次，语言是交际工具的说法并不符合语言实际。如前所说，语言不仅是文化大系统中的一个子系统，而且是构成文化大系统的其他诸要素赖以存在的基础。因此，语言并非独立于文化系统之外的纯形式的语言符号系统，它本身就是内容与形式的统一体；语言媒介和它所包含的各种文化信息是形影不离，无法分开的。再进一步说，我们不能，事实上也不可能把语言和文化截然分开。但对于工具及其所作用的事物来说则不然。比如用筷子吃饭，筷子作为工具，并不包含饭的信息，它也不是饭的一部分，不可能和饭构成密不可分的有机整体，一旦吃饱了肚子，筷子与饭之间就没有任何关系了。因此，这跟语言和文化的关系没有可比性。

其三，语言是交际工具的说法在实践中也是有害的，它很容易把人们导向工具主义，误以为只要掌握了语言这个工具，就可以跟使用这种语言的人自由交际了。其结果是人们往往只注意工具本身，即语言符号系统本身，却忽视了制约语言的文化背景。在国际中文教育领域，这种"工具主义语言观"的负面影响是非常突出的。由于一些教师忽视了必要的相关文化背景知识的介绍，使不少外国学生在使用汉语这个"工具"时，产生障碍甚至文化

---

① 　霍凯特（Charles Francis Hockett），美国语言学家。主要著作有《音位学手册》《现代语言学教程》《语言、数学、语言学》《语言学的现状》《人在自然界中的地位》《沃尔夫理论》等。

② 　[美]王士元.语言和人类交际[M].游汝杰等译.南宁：广西教育出版社，1987：3-8.

冲突。因此，在国际中文教学界，越来越多的人认识到必须冲破工具主义语言观的樊篱，树立科学的文化语言观。在教学实践中，很多教师要求外国学生在学习汉语符号系统的同时，了解汉语中所包含的文化背景知识，培养他们的文化习得意识。

在国际中文教学界，还有一种"语言是文化的载体"的说法。其实这一说法也是不全面的。所谓载体，当然是指承载东西的物体，亦即运载其他物质的工具。在这里，运载物和运载工具都是独立存在的，它们既可以分开，也可以用别的载体和运载物加以替换。就像用火箭发射卫星，载体（火箭）和运载物（卫星），二者都是可以独立存在的。唯其如此，才可以用长征三号火箭替换长征二号火箭，也可以用宇宙飞船替换卫星。但是，语言与文化的关系则与此不同，这是因为：其一，一切文化活动和文化创造都离不开语言，即使是单个人的活动，包括物质活动（如种田）和精神活动（如写作），也都是由以语言为基础的思维能力支配的。其二，所有的文化积累可以说都是保存在语言信息系统之中的，即使某些文化成分在历史长河中消失了，如古代乐器箜篌，人们仍可通过语言信息系统将其复原。这一点，是任何所谓载体都不可能具备的。

既然"工具说"和"载体说"都不全面、不科学，那么怎样表述才是恰当的呢？从语言与文化的特殊关系来说，我们主张"语言是文化的凝聚体"这一说法。之所以提出这一说法，是基于以下一些考虑：

首先，语言具有文化的性质。语言是一种文化现象，语言本身就是符号形式与文化内容的有机整体。也就是说，语言不仅仅是意义的代码，也是文化的代码。鉴于语言包含了所有文化积累的信息，这就使语言成为文化总体中最基本、最核心的部分，所以我们说语言具有文化的性质。

其次，在语言系统中凝聚着所有的文化成果，保存着一切文化的信息，这就使我们有可能通过语言认识各种文化现象，包括已经消失了的文化现象。由于语言有一个系统的结构，所以就使人们在不自觉的状态下通过语言对自然界和人类社会的万事万物做出了分类和解释，从而使一切文化信息从混沌变为有序。当然，语言对事物的分类和解释未必是准确的、科学的，因为它往往早于人们对事物有意识的分类和解释。但是，语言毕竟客观地反映了人类历史上不同时期的认识水平和每个民族特殊的认识方式。因此，我们说语言不仅是一种文化现象，而且是历史文化的活化石，是一种特殊的、综合性的文化凝聚体。

1.4　语言对文化的影响

语言与文化之间有着互相影响的关系，而语言对文化的影响主要是：语言在文化的建构、传承以及不同文化间的交流等方面，发挥着不可替代的作用。

人类对文化的建构，离不开对客观世界的认识；对客观世界的认识，又离不开人类在实践过程中所进行的一系列思维活动；而思维活动的物质外壳则是语言。作为思维成果的思想，自然也必须依附于语言这个物质外壳。只有如此，思想才具有可以感知的物质形式，并用来进行传播和交流。一旦个人的思想成为集体的财富，为大家所共享，这就形成了文化。当然，传播交流思想的媒介还可以是其他形式，如手势、符号、图画、音乐、舞蹈等等，但这些媒介都有很大的局限性，就交际的广度与深度而言，都不能跟语言相提并论。由此可见，语言在文化的建构中所起的作用是多么重要！

美国著名的文化人类学家怀特说：

> 音节清晰的语言是符号表达之最重要的形式。把语言从文化中抽掉，还会剩下什么呢？让我们来考察一下。
>
> 没有音节清晰的语言，我们就不会有人类的社会组织。我们可能有家庭，但这种组织形式不是人所共有的，家庭本身并不专属于人类。没有语言，我们就不会有乱伦禁制，就没有规定族内婚与族外婚，多偶婚制与单偶婚制的各种规范。没有语言，我们又怎能限制交表婚，禁止平表婚呢？没有语言，禁止占有众多配偶而允许续娶与再婚的规范，又怎么能够存在呢？
>
> 没有语言，我们就不会有政治、经济、宗教和军事的组织；没有礼仪和道德规范；没有法律；没有科学、神学和文学；除了猿猴水平的嬉戏外，不会有游戏和音乐。没有音节清晰的语言，礼仪和礼仪用品就毫

無意義。实际上，没有音节清晰的语言，这就差不多等于丧失了使用工具的能力，我们就将像现在在高等类人猿中发现的情况那样，只是偶然地和无意义地动用一下工具；因为，正是音节清晰的语言，才使类人猿那种偶然动用工具的活动，转变为人类之具有进步性和累加性的使用工具的活动。[①]

怀特的这段话，对语言建构文化的功能的描述再清楚不过了。

再看语言对文化传承所起的作用。如前所说，语言是文化的凝聚体，建构起来的文化系统大多储存在语言之中。人们常说的文化遗产、文化传统，主要是通过语言传承给后人的。换言之，后人通过学习前人的语言，也就同时学会了前人的文化。另一方面，人类还要不断地发展自己的文化，他们对客观世界的认识也永远不会停止。在认识世界的实践中，人们不可避免地要受到语言的巨大影响。这是因为，人们不仅接受了前人的语言文化系统，而且还被强制性地接受前人的语言进行思维。不同的语言凝聚着不同的文化信息，在运用不同的语言进行思维时，必然会受到不同语言及其蕴含的思维方式的制约。因此可以说，语言不仅在文化传承中发挥着独特的作用，而且影响着人类认识世界、发展文化的全过程。正如美国语言学家沃尔夫（Wolf）所说：

> 我们都按自己本族语所规定的框架去解剖大自然。我们在自然现象中分辨出来的范畴和种类，并不是因为它们用眼睛瞪着每一个观察者，才被发现在那里。恰恰相反，展示给我们的世界是个万花筒，是变化无穷的印象，必须由我们的大脑去组织这些印象，主要是用大脑中的语言系统去组织。[②]

语言在文化交流中的作用和影响同样是显而易见的。在人类早期的某些历史阶段中，有的文化确实是独立存在并传承的，但更为常见的却是不同文化在不断碰撞、交流和相互影响的情况下发展的。特别是在交通、通信等科技手

---

① 莱斯利·A·怀特. 文化的科学——人类与文明研究[M]. 沈原等译. 济南：山东人民出版社，1988：33—34.

② 刘润清. 西方语言学流派 [M]. 北京：外语教学与研究出版社，1995：181.

段飞速现代化的当今世界，"地球村""全球化"等词的使用频率越来越高，这意味着不同文化之间的相互碰撞、交流和影响也越来越剧烈。从发展的角度来说，这种情况恰恰为人类文化的演进与提升提供了前所未有的机遇。假如一种文化闭关自守，与其他文化圈虽"鸡犬之声相闻"，却"老死不相往来"，那就只能加速它自身的衰败乃至消亡。

不同文化之间的接触与交流，显然是要以语言接触为先导的。德国语言学家洪堡特（Humboldt）说：

> 人从自身中造出语言，而通过同一种行为他也把自己束缚在语言之中；每一种语言都在它所隶属的民族周围设下一个圈子，人只有同时跨进另一种语言的圈子，才有可能从原先的圈子里走出来。①

不同文化圈子的接触，实际上也是不同语言圈子的交叉。由于语言是文化的凝聚体，只有掌握了他人的语言，才有可能真正了解他人的文化，因此，不同文化之间的交流，只有通过语言的沟通才能实现。

综上所述，由于语言是人类思维的物质外壳和最重要的交际媒介，而且凝聚着整个文化系统，因此，它在文化的建构、传承和发展上，在文化的接触与交流上，都是不可或缺的必要条件，也是带有决定意义的重要因素。从这方面说，语言对文化的影响，无论怎样强调都不为过分。

1.5　文化对语言的影响

不仅语言对文化有很大影响，文化对语言的影响也是显而易见的。有关文化对语音、词汇、语用和语言交流等方面的影响，许多论著有专门的论述，这里不拟细说，只谈一下不同的文化特点常会导致不同的语言特点，以窥见一斑。

生存环境是人类文化环境的一个重要方面，而生存环境对人们所使用的词汇就有很大影响。在某些语言中，表达某个事物可能只用一个词，而

---

① 洪堡特 . 论人类语言结构的差异及其对人类精神发展的影响 [C]// 胡明扬 . 西方语言学名著选读 . 北京：中国人民大学出版社，1988：46.

在其他语言中，可能会有很多个，这跟人们生存环境的不同有很大关系。比如，"雪"在因纽特人的生活中几乎无处不在，雪对于他们来说实在太重要了。尽管因纽特人的语言中并没有一个总括性的词表示"雪"这一事物，但他们却创造了大量描绘各种类型的"雪"的单词。在阿拉伯国家历史上，骆驼是一种非常重要的交通工具，所以在阿拉伯语中关于骆驼的叫法，按公母、年龄、数量、脾性、外形特征、行走快慢等不同标准，可衍生出多达数千个词。仅根据每天喝水次数或母驼妊娠期，就可以细分出十余种骆驼。尽管其中大部分是已弃用的古语词，仍无法改变骆驼在阿拉伯半岛社会中不可撼动的地位。而在汉语中，有关骆驼这种动物的词则只有一个"骆驼"。即使是在英语中，对骆驼的分类也只有"one-humped camel（单峰驼）"和"bactrian camel（双峰驼）"两个词。

我们知道，人是社会关系的总和，社会关系在整个文化系统中占有重要地位，而社会关系对语言也有直接的影响。在中国，宗法血缘关系始终没有像西方社会那样被打破，因此人们对各种亲属关系分得细致而烦琐，汉语中有关亲属的称谓词也十分丰富。但不是所有的英语称谓都能找到令人满意的汉语称谓的对应词，汉语中的许多称谓在译成英语时更难找到令人满意的对应词。如汉语中的称谓"哥哥、弟弟、姐姐、妹妹"等，从字面上就能看出比我们谈及的人年龄大还是小，而这些词的英语称谓却没有表明这一点；再如英语中的"uncle"一词，则可以表示汉语中的"伯伯、叔叔、姑父、舅父、姨父"等等。汉语中这些称谓不仅表明了这些人的辈分，而且也表明了他们是父系亲属还是母系亲属。这些称谓常常让西方人感到头疼不已，以至于在翻译《红楼梦》等作品时不得不望称谓而兴叹。原因何在？当然跟中国历史上发达的宗法文化有关了。

在外语学习过程中，我们常常会有这种体会，有的词在不同的语言中可以找到完全对应的词，比如英语中的"pen"就是汉语中的"钢笔"，英语中的"bed"就是汉语中的"床"。但是，有时意义相对应的词在不同语言中的意义并不完全相同。以"知识分子"一词为例，在中国，它通常是指接受过高等教育的人，在许多偏远地区，甚至中学生也被称为"知识分子"。但在欧美发达国家，"intellectual（知识分子）"只是指少数有高级学术地位的人，如大学教授，而不包括普通的大学生。再比如"干部"一词，在中国它所指的范围很广，包括政府官员、企事业单位的领导，以及国家机关和各级学校中的正式员工，代表着一种除工人、农民之外的特殊身份。但在英语中，"cadre（干部）"一词的范围要小得多，仅仅指极少数的重要官员，即核心人员。这种情况显然就是不同文化在语言中的反映了。

另外，不同文化之间的交流，也会对语言产生明显的影响。如中国历史上的佛教传入，使大量佛教用语融入了汉语系统之中。诸如世界、如实、平等、现行、刹那、清规戒律、相对、绝对等等，都是来自佛教的语汇，今天我们甚至感觉不到这些原本都是外来词。同样，一些具有代表性的汉语词，如"功夫""太极""饺子"等等，也已被越来越多的外国人所接受，这跟中国的一些影视节目在国外的播映，以及中餐馆遍布世界各地有关系。

总之，语言与文化在发展过程中是始终相互作用、相互影响的。它们之间的关系还有很多方面值得我们去进一步探讨。

2　国际中文教育中的文化教学

文化影响语言的结果，使得语言中包含了大量的文化信息。但是，这些语言中的文化信息绝大部分并非直接反映在字面上，而是以一种潜在的形式暗含着的。要圆满地达到交际的目的，除了学好目的语以外，还要尽可能地了解目的语所暗含的大量文化信息，否则只知其一，不知其二，就会在交际中闹笑话，甚至发生冲突。在国际中文教学界，这一点已为大家所公认，无须赘述。下面我们就从国际中文教学的角度，着重介绍一下汉语词汇系统和表达系统中的文化教学。

2.1　词汇系统中的文化教学

我们知道，词汇是语言中最活跃的部分，社会生活中几乎所有的事物或概念，以及各种各样的文化信息，都会在词汇系统中得到反映。作为国际中文教师，对汉语词汇系统中的文化因素应尽可能地加以了解，并在课堂教学中向学生做适当的介绍。下面我们从四个方面举例加以说明。

2.1.1 受特定地理环境影响的词

中国地域辽阔，各地的自然地理环境有很大差异，反映在词汇上自然也很不相同。总的来看，中国的北方干燥、寒冷，南方则潮湿、炎热。北方多数地方年温差较大，寒冷的天气长达几个月。北方人对冰和雪区分得非常清楚，绝对不会混淆。北方与"冰"有关的词语就有很多，如自然冰、人造冰、冰城、冰雕、冰灯、冰厂、冰场、冰坨、冰窟窿、冰碴儿、冰挂、冰镇、冰棍儿、冰淇淋、冰车、冰船、冰球、冰橇、冰箱、冰柜、滑冰等等。而在南方有些地方一年到头见不到冰雪，人们也往往把"冰""雪"二者不加区分。比如广州人就常常把"冰"说成"雪"。北京人说的"冰棍儿、冰淇淋、冰箱、旱冰鞋"等词语，广州人却说成"雪条、雪糕、雪柜、雪屐"；广州人还把冰厂说成"雪厂"，把冰镇说成"雪藏"。

自古以来，中国北方雨水稀少，且雨量集中在夏季，土地干旱的时间较长。为了保证农作物的正常生长，就必须大量修筑水渠以灌溉农田。像历史上著名的郑国渠①，河南林县人民20世纪50年代开凿的红旗渠、北京地区的京密引水渠等，就是大型水渠，也叫人工河。这类水渠一般长达几十公里以上，宽达三四十米，既能灌溉、取饮，也可行船水运。相比之下，南方雨量比较充沛，不必修筑水渠灌溉农田，因此南方人对"渠"的理解也与北方人大不相同。如广东珠江三角洲一带和香港地区所说的"渠"，仅指埋在道路底下形同暗沟的管道。

中国北方风沙较大，人们出外很容易沾上尘垢，必须用水洗，耐心地搓去身上的污物，这种清洁活动称为"洗澡"；南方天气闷热，人们常常托起一桶水从头到脚冲下去，除了洁身，更主要的是冲掉暑气，换来凉爽，所以叫作"冲凉"。

北方和南方在方位词的使用上也有较大差异。在北方，有辽阔的平原

---

① 郑国渠于公元前246年（秦王政元年）由韩国水工郑国在秦国主持兴建，约十年后完工。郑国渠是古代劳动人民修建的一项伟大工程，属于最早在关中建设的大型水利工程。

和草原，加之大部分时间为晴朗天气，日出日落一目了然，所以人们习惯于用东（日出）西（日落）南（日正午）北（与南相对）指示方位。中国的首都北京，是一座东西对称、南北又有中轴线的方城，更使人们养成了以东西南北指示方位的习惯。外国人和外地人在北京问路，北京人最常说的是"往南，再往东"之类的话。北京旧城区的地名以东西南北打头的也不胜枚举。

但在中国南方，人们却习惯于以人体的前后左右来确定方位，常常说"往左，往前，再往右"之类的话。究其根源，多半是因为南方山区丘陵多，林木繁茂，加之阴雨天气较多，难以靠日出日落确定东西南北的方向。

2.1.2　受特定物质生活条件影响的词

由于中国幅员辽阔，各地的物质生活条件很不相同，所以反映在汉语中的这类词汇也千差万别。例如：山西省是中国的产煤大省，有关煤的名称分得很细，跟煤有关的词语也异乎寻常地多。比如把粉状的煤称作"煤"，块状的煤称作"炭"，块状的无烟煤称作"笨炭"，块状的烟煤称作"希炭"，块状的焦炭称作"蓝炭"，大块的煤称作"炭块"，碎煤块称作"炭块儿"，煤核儿称作"撂炭"，这种现象反映出煤与山西人民的生活有着十分密切的关系。但在广东省，对煤几乎没有什么分类，这跟当地煤炭生产不占重要地位有关。

再如在中国最大的渔场——浙江省舟山渔场，对海产品的分类十分琐细。计有飞鱼、金枪鱼、眼睛鱼、白姑鱼、炸弹鱼、剥皮鱼、琵琶鱼、青眼鱼、海和尚、弹涂鱼、蛎黄、蟹丁、虾干等。这些海产品的名称，有的连东南沿海的一些渔业区都听不懂，更不必说广大的中西部地区了。

常言说，"民以食为天"，但在中国各地对主食"饭"的理解也有很大差异。北方的农作物以小麦为主，所以北方人所说的"饭"主要指面食，如馒头、面条儿、烙饼、包子、饺子、火烧等；南方的农作物则以水稻为主，所以南方人所说的"饭"主要是指"米饭"，非特意强调不可。南方人把用米煮得烂乎的稀饭叫"粥"，而在北方的某些地方，只有把黄豆和小米按一定比例泡好后磨成浆，然后再熬到黏稠的程度才叫"粥"。北方人所说的

"馒头"，在苏州和温州等地却指用发面蒸的带馅儿的包子。

由于吃的对象不同，全国各地对吃的叫法也不同。比如北京话和上海话说"吃饭"，广州话则说"食饭"，山东、河南的某些地方更把吃晚饭说成"喝汤"。再如北京话说"喝茶"，上海话说"吃茶"，广州话则说"饮茶"。在绝大多数地区，"茶"是指用茶叶泡过的水，而郑州、南阳等地则把白开水也叫"茶"。北方的"喝茶"只是喝清茶，而且不分场所和时间；广东的"饮茶"却不仅喝茶，还要吃花样繁多的点心和炒菜，并且是上茶楼去饮早茶、午茶或晚茶。假如仅仅从字面上去理解这些词的意义，那势必会闹出许多笑话的。

2.1.3　受特定社会和经济制度影响的词

人类社会是不断发展变化的，在每一个历史阶段，都会有与之相适应的社会和经济制度，也都会产生被特定社会和经济制度影响的词。

中国自改革开放以来，废除了很多不适应社会发展的制度和政策，同时也逐步建立了一套比较先进又行之有效的新制度、新政策。这在汉语词汇中也得到了反映。例如1978年底开始的农村改革，提高了农副产品的收购价格，同时建立了家庭联产承包责任制，给予农民更大的生产自主权。废除了所谓"一大二公"的公社制，把土地以户为单位包给农民经营，签订承包责任书，由承包者按照一定比例上缴一部分收入，其余大部分归承包者自己。因这一改革举措而产生的词语就叫"承包责任田"。改革的结果是使一部分农民先富裕起来了，年收入超过了万元，当时就被称为"万元户"。紧接着又出现了"运输专业户""西瓜专业户""养鸡专业户"，更产生了"农民企业家"等等。

城市的经济改革是从允许个人经营小商品和服务业开始的，这些私人经营者被称为"个体户"。后来有些机关干部、学校教师或科技人员也改行经商、办公司，被称为"下海"。随着改革的逐步发展，大量境外投资涌入，在投资体制上打破了国家投资一统天下的局面，于是出现了众多的"外企""三资企业""民营企业""股份制公司"等等。1979年9月以后，国务院先后在广东省的深圳、珠海、汕头和福建省的厦门各划出一定区域，实行经济开放，引进外资，建立知识密集型企业，作为学习世界先进技术和管理方法的窗口，这就是所谓"经济特区"，后又简称为"特区"。这一类的词语还有很多，如"改革开放""市场经济""宏观调控""市场营销""经济起飞""承包经营""新兴产业""合同制""发展战略""内引外联""债权债务""股份制""优惠政策""政策倾斜""入世"等等。这些词语应用范围之广，使用频率之高，都是空前的。它们不仅集中反映了当代中国人的观念、意识和行为，也是中国社会发展和进步的鲜明标志。

也有一些词语反映了中国人在变革时代所遭遇的困难和困惑，如"破产""下岗""待业""分流""再就业""价格大战""水土流失""乱收费""欠税""回扣""三角债"等。此类现象的产生是改革过程中难以避免的，随着改革的深入发展，此类现象和词语的消失也是必然的。

2.1.4　受特定精神文化生活影响的词

语言里的词对社会变化十分敏感，它不仅受地理环境、物质生活条件、社会和经济制度的影响，也受到特定精神文化生活的影响。

以当今的中国社会为例，计算机的日益普及，不仅大大提高了经济效益和社会效益，还给人们的精神文化生活带来了巨大变化。与计算机有关的一些新词语也应运而生，如"因特网""宽带网""信息产业""网上交友""上网聊天""视频聊天""电子邮件""网""网吧""黑客""软件""QQ""微信""信息高速公路"等等。

随着对外开放和国际交流的加强，文化的互相影响日益明显，一些外来词或以音译的形式或以直接的形式进入汉语词汇系统。例如："卡拉OK""VCD""DVD""MTV""不明飞行物""程控电话""家庭影院""保龄球""高尔夫球""桑拿浴""随身听""空姐""托福""雅思""GRE"等。由于经济文化交流的加强，一些原本只存在于方言中的词语，也被共同语所吸收，成为通用话语。这方面尤以港、澳、粤等的方言词为多，如"老公""帅哥""靓仔""走穴""走俏""搞定""酷""爽"等等。这跟上述地区的经济、文化优势有关。

　　一些专业和行业术语被扩展使用的现象也日益明显。比如"病毒"一词，本是病理学和医学名词，现在被引用到计算机行业；"接轨"本是铁路用语，被引用到经贸、文化等众多行业；"菜单"本是餐饮业用语，被引用到计算机行业；"曝光"本是摄影用语，被引用到社会新闻行业；"打擦边球""亮黄牌"本是体育用语，被用到众多领域；再如"包装"一词，原为对商品的包裹装饰，被引用为演艺界的"演员包装"，甚至社会各个层面凡与自身形象美化有关的都称之为"包装"。

　　由于改革开放和社会发展是非常复杂的系统过程，难免泥沙俱下，鱼龙混杂，一些外来的乃至旧社会的阴暗面也不断暴露，反映这类现象的词语也频频亮相。如"傍大款""小蜜""小三""三陪""包二奶"等等。这些词多带有贬义，但人们对此并不避讳，揭示了这些丑恶的现象。但社会在承认其存在的同时，也给予强烈的谴责和严厉的打击。

　　以上这些受各种因素影响的词汇，都有其特定的含义，假如单从字面上解释，或单从语言的角度进行描述，是很难把握其确切内涵的。对外国学生来说，就更加勉为其难了。因此，词汇教学往往不在于解说一个词的词汇意义，而在于恰如其分地阐释它所蕴含的文化意义。这是因为，即使一个词在各种语言中都具有相同的词汇意义，它所蕴含的文化意义也不会完全相同，甚至有很大差别。因此讲清一个词的文化意义是完全必要的。否则，即使外国学生掌握了它的词汇意义，也会在交际中出现失误。

2.2　表达系统中的文化教学

　　除了词汇系统之外，汉语的表达系统也有许多文化信息。这跟中华民族特定的风俗习惯、社会心态以及认识方式有密切的关系。以下就分别加以说明。

2.2.1　受特定风俗习惯影响的表达方式

　　见了熟人要打招呼，这是人们的交际习惯，但是不同文化背景的风俗习惯不同，打招呼的用语和方式也不尽相同。说到汉语中的招呼语，首先让人想到的是"吃饭了吗？"和"到哪儿去？"这两句常用语。有的国际中文教师对外国学生解释说，这两句招呼语相当于英语中的"How are you"。从语用功能上这样解释也未尝不可，但并不确切。因为"How are you"是比较固定的招呼语，而"吃饭了吗"只是在吃饭前后使用，而"到哪儿去"也只限于在路上见面时使用。一般认为汉语中的这种打招呼方式来源于中国小农经济社会的交际习俗：一日三餐是生活中最重要的大事，所以见面时先问对方是否吃过饭以示关心；又由于古时候人们的交际范围有限，居住在同村的人都彼此熟悉，关系密切，所以在路上见了面就把询问对方的去向作为招呼语，这样显得亲密。直到今天，人们仍然在使用这类招呼语，但形式并不限于上述两句，而是依见面的时间与场合而定。如"上班去啊""回来了""买菜去了""接孩子去啊"等等。在这种情况下，真正起作用的是礼貌原则，亦即表示自己已经注意到对方并主动致意，具体的话怎么说倒是其次。因此，对方在应答时也不需要对自己的吃饭与否和去什么地方等等向问话者做认真的说明。

在交际中尊敬对方和自我谦虚，是中国人又一重要的交际习惯。在言语表达上，提到对方时常常使用敬语，说到自己时则倾向使用谦辞。时至今日，在一些高级知识分子中仍然保留着这种习惯，如称对方的父亲为"令尊"，母亲为"令堂"，儿子为"令郎"，女儿为"令爱"。询问对方姓名时用"高姓大名"或"您贵姓"，称对方的作品为"大作"，对方的意见为"尊意"，对方来自己这里为"光临"，对方问自己问题为"垂询"，等等。另一方面，自己称自己的父亲则为"家父"，母亲为"家母"，妻子为"贱内"，儿子为"犬子"，女儿为"小女"；介绍自己的姓名时说"敝姓"，自己的作品为"拙作"，自己的意见为"鄙意""拙见"，去对方那里叫"拜访"，问对方问题称"请教"，等等。诸如此类的敬语和谦辞，在古代汉语中十分丰富，现代汉语中虽有所减少，但有些仍在广泛使用。

中国人在交际中卑己尊人还表现在以下的表达方式上。在工作中有了成绩或受到赞扬时，一般会说："这都是领导支持和同事们帮助的结果，至于我个人，做得还很不够，还要继续努力。"在公开场合发表看法后也少不了说点儿谦虚的话："我的看法不一定对，还请大家批评指正。"在向对方送了厚礼时一再表示："一点儿小意思，不成敬意，请收下吧！"

卑己尊人的交际习惯主要是受到传统文化的影响。儒家的"君君、臣臣、父父、子子"的思想观念是根深蒂固的，它强调严格的伦理等级，要求晚辈对长辈、下级对上级要尊重，即使在平辈、平级之间也要互相尊敬。反映在交际习惯上，就是大量使用敬语。至于大量使用谦辞，则是受到儒家"满招损，谦受益"①观念的影响，它使得中国人对自己的价值判断通常以压低的形式出现。这样的价值观念也必然会在语言表达上反映出来。此外，语言禁忌之类，也都与风俗习惯有关。

2.2.2 受特定社会心态影响的表达方式

中国人的社会心态有一个十分突出的特点，就是重和谐。早在《尚书·尧典》中就有这样的说法："八音克谐，无相夺伦，神人以和。"《孟子·公孙丑下》说："天时不如地利，地利不如人和。"《庄子·山木》说："一上一下，以和为量，浮游乎万物之祖。"《中庸》说："致中和，天地位焉，万物育焉。"汉代儒学大师董仲舒也说："中和者，天地之大美也。"这些说法的核心就是和谐。两千多年来，这种追求和谐的观念形成了中国人突出的社会文化心态，反映在语言上便是讲求和谐、对称、均衡的语言形式。例如讲究诗词的押韵合辙、对仗工整等。现代汉语中的许多修辞手法，诸如两两相对的对偶，一唱三叹的反复，首尾蝉联的顶真，回环往复的回文，等等，都是在和谐平衡的社会文化心态和审美意识的影响下形成的。

众所周知，汉语的表达极重词序。以定语为例，不仅表示递加关系和交错关系的多项定语不能随意排列，而且表示并列关系的多项定语在多数情况下也不能随意排列。所谓并列词组也存在着类似情况。如"君臣""父子""夫妇""干群""官兵""天地""日月""胜负""贵贱"等词组的词序都是固定的，不能随意变动或更改。为什么当初没有造出"臣君""子父""妇夫""地天""月日"这样的词组呢？也许有人会说，这是约定俗成的结果。这些并列词组的共同点是把表示较高等级的词排在前

---

① 出自《尚书·大禹谟》。

面，而把表示较低等级的词放在后面。这可以说是中华民族注重等级、重视尊卑有序的社会心态的体现。因此，认识社会心态对汉语表达方式的影响，可以使我们更深刻地理解汉语表达方式的意义。

2.2.3　受特定认知方式影响的表达方式

对外界事物的认知，也会受到民族思维方式和认知方式的影响。学术界普遍认为中国古人善于综合，短于分析，即善于从整体上对事物做整体的、模糊的把握，而不善于分解事物并把握事物的局部和细节。中医、国画就是很典型的例子，与西医的细分细解、"头疼医头，脚疼医脚"相比，中医把人看成一个有机的整体，其医疗手段也是综合调理；国画则注重神韵和神似，注意线条轮廓的美感，而不大注意描绘人物的骨骼、头发、肌肉等细节，这跟西洋画是鲜明的对照。受这种特定认识方式的影响，中国人的时空顺序也习惯于从大处着眼，从大到小，纲举目张。与此相反，西方人的思维习惯和认识方式则是从小处着手，以小见大，空间顺序也是从小到大。这种特定的认知方式对语言习惯的影响是显著的。例如说到地点，汉语的顺序是：国→省→市→区→路→道→胡同→门牌号，而英语的顺序则恰恰相反。

如果从表达顺序来考察，我们就会发现汉语是一种"临摹型"的语言，它的语序先后客观地反映出实际的时间顺序，即先发生的事件或先出现的事物在言语中先出现，后发生的后出现。如通常说："我洗完澡，你再打电话来。"显然是"洗澡"在前，"打电话"在后，不能颠倒。但在英语里顺序却是可以颠倒的，如"You can call me after I take a shower."。这是因为汉语的顺序与生活中的直接经验有关，英语的顺序则可以与事件发生的先后无关。

总的来看，国际中文教学中的文化因素表现在很多方面。至于在课堂教学中如何向外国留学生进行文化教学，则是一个复杂的问题，也可以说是一门艺术。我们只有联系实际，不断探索，才能做到恰如其分。

思考题

1. 简单说明语言与文化的关系。

2. 为什么说语言是一种社会文化现象？

3. 举例说明语言与文化之间的对应性与非对应性。

4. 谈谈你对语言工具说的看法。

5. 为什么说语言是文化的凝聚体？

6. 举例说明受特定地理环境影响的词。

7. 举例说明受特定物质生活条件影响的词。

8. 举例说明受特定社会和经济制度影响的词。

9. 举例说明受特定精神文化生活影响的词。

第3章　语言层面的跨文化交际

国际中文教学，虽然我们不断强调文化教学的重要性，但是语言技能和语言能力是教学的基础和重点。只有在此基础上，我们才能谈到交际技能的培养及其他能力的强化。也就是说，没有扎实的语言基础就不可能获得较强的跨文化交际能力。在国际中文教学中，吸引汉语学习者的往往不是语言本身，而是其所蕴含的文化信息，尤其是与自己母语不同的思维方式、文化视角、文化内涵等等。汉语作为第二语言的教学，倘若只注重语言本身而忽视与之相关的文化因素，那么传授的就仅仅是语言符号了。语言是文化的凝聚体，它所蕴含的是特定的文化积淀，而语言层面的交际又是跨文化交际的主要方式，在国际中文教学中，语言交际无疑是最重要的交际活动。因此，对国际中文教师来说，了解语言层面的跨文化差异，就显得格外重要了。

1　词汇层面的文化差异与跨文化交际

在国际中文教学中，词汇教学始终贯穿各个阶段。就语言要素与文化的关系而言，语音与文化的关系最不密切，语法次之，而关系最密切、反映最直接的是词汇。因此，在语言知识教学过程中，我们首先应该注意词汇的含义。汉语词汇除了其基本义，还常常含有附加义，或者叫作引申义、比喻义、联想义、象征义、感情色彩与语体色彩等。这些都是长期文化积淀的结果，是约定俗成的社会规范和心理模式，是指导交际行为的文化规约。这些规约隐含于语言交际行为和非语言交际行为之中，本民族的人往往习焉不察，而异文化者却极为敏感，需要国际中文教师通过有针对性的教学，才能让汉语学习者掌握并得体地运用于跨文化交际中。

下面重点说一说数字词、植物词、动物词和颜色词。

1.1 数字词

数字词原本只表示数字，但由于文化因素的影响，在不同的文化中便具有了不同的文化象征意义。

1.1.1 中西方数字词基本含义的差异

作为世界文明古国之一的中国，对数字的使用几乎都有一定的文化内涵。其中数字"零"是最具矛盾性的一个数字，既虚无，又涵容万物，从零开始，最终归于零。数字"一"则代表首位的意思，如一马当先等。数字"二"有美满之意，也代表双，如智勇双全、双喜临门等。"三"是多的意思，如"三人行，必有我师"。"四"除了谐音"死"，有些不吉利外，也有四方之意，是平稳的象征，如四面八方、四平八稳等。"五"是代表神秘而抽象的数字，如五光十色、五花八门等。"六"是顺利的意思，如六六大顺等。"七"表示复杂和凌乱，如乱七八糟等。"八"在中国文化中具有特殊含义，如八节①、八采②、生辰八字等。"九"在数字中代表至高无上，如九天、九五之尊、九九归一等。"十"为完美之意，如十分、十全十美等。

在西方文化中，"一"代表"万物之始"，或象征唯一的源头。"二"象征同伴或见证人。"三"象征神圣的或属神的。"四"象征肉眼看得见的受造物或大地的四个方向。"五"象征人的五官，或人的数目。"六"象征不完全，不能达到目的。"七"象征完全，或属零的整数，西方宗教和文化常用数字"七"来规范人的道德行为或归纳人文景物、社会团体、宗教仪式等，如七种美德、七安息年等。"八"是象征再生、复活的数或永恒的数。它是创世后的第八天，也是复活节前那一周的第八天，基督在这一天复活。"九"是象征美德的数，也是有德之人的灵魂之数。"十"则象征完整、统一。

通过以上比对，可以看出中西方在数字词上的文化差异是显而易见的。其实，不仅在基本的数字词上如此，还有更多与数字词相关的文化差异。比

---

① 古代以立春、立夏、立秋、立冬、春分、夏至、秋分、冬至为八节。

② "八采"亦作"八彩"，八种彩色。出自《孔丛子·居卫》："昔尧身修十尺，眉分八采"。

如对奇数、偶数的喜好与禁忌。

1.1.2 中国人数字词的喜好与禁忌

中华民族自古崇信阴阳二元说，重和谐，重有序，认为宇宙间万物既相互对立又相互依存。如《易经》说："易有太极，是生两仪，两仪生四象，四象生八卦。"其中的数字运用，很好地表达了宇宙间对立统一的朴素辩证法思想。这种二元思想观念渗入中国文化的各个层面，所以自古以来中国人就崇尚偶数，以偶为美好，以偶为吉利，讲究对偶和对称。人们平时说话、办事，喜欢好事成双、四平八稳、六六大顺、八面来风、十全十美。办喜事喜欢选双日子，结婚喜欢用双喜字，送礼时送双不送单等。中国人自古为文讲究语句对仗，从对仗成熟的六朝骈文、唐代律诗到对联，无不以"偶"为最高形式美。中华民族崇尚偶数的习俗反映到语言中，就是汉语中偶数及其倍数几乎都含有褒义，被视为美好、幸运的象征。

在偶数中，中国人对"六""八""十"尤其有着特殊的感情和崇拜。

中国古代就有崇尚"六"的传统观念，比如宇宙有"六合"（上、下、东、西、南、北），自然有"六气"（阴、阳、风、雨、晦、明），先秦时期的儒家六部经典称"六经"（《诗》《书》《易》《礼》《乐》《春秋》）。儒家要求学生掌握六种基本技能，即"六艺"（礼、乐、射、御、书、数），这也是中国古代高等教育的学科总称。周礼设"六典"（治典、教典、礼典、政典、刑典、事典），官制设有"六部"（吏、户、兵、工、刑、礼），把亲属关系归纳为"六亲"（父、母、兄、弟、妻、子）。妇女怀孕称为"身怀六甲"，甲子、甲寅、甲辰、甲午、甲申、甲戌六个甲日是上天创造万物的日子，也是妇女最易受孕的日子。考古发现秦始皇陵陪葬的铜车马均以"六"及其倍数为度，民间更有"六六大顺"的俗语。由此可见，"六"在中国人看来是个再吉利不过的数字了。时至今日，民间仍然把农历"6""16""26"日视为举行婚礼的黄道吉日。在使用电话号码或车牌号码时，对尾号"6""66""666"这几组数字情有独钟，就是因为它们象征着顺顺利利、万事如意。

在中国，"八"不是个普通的偶数。因为它的读音与"发"字谐音，于是便有了"发财""发展"之意，寓意财源茂盛、事业发展、万事顺利、繁荣富足，所以人们特别喜欢"八"。很多饭店、商铺喜欢选择五月十八日这一天开业，因为"五一八"与"我要发"谐音。有人讲究电话号码尾数是918（谐音"就要发"）、168（谐音"一路发"）。不仅如此，第29届北京奥运会的开幕式时间就是2008年8月8日晚8点。更令人惊奇的是，在四川，电话号码88888888竟然拍出了233万元的天价。①由此可见中国人对数字"八"的喜爱程度。在汉语中，由"八"字组成的寓意吉祥的词语也很多，如佛教有"八宝"，道教有"八仙"，乐器有"八音"，占卜有"八卦"，文章有"八股"，家具有"八仙桌"，食物有"八宝粥""八宝酱菜"，中医有"八纲"②，婚姻有"八字帖"，成语有"威风八面""八拜之交""才高八斗""八仙过海"，等等。

　　"十"也是深受中国人喜爱的吉祥数字。自古以来人们视"十"为完整、圆满、吉祥的象征，因而爱以"十"为标准计量单位。如北京有"十里长安街"，南京的内秦淮河又被称为"十里秦淮"，旧上海市区还被称为"十里洋场"，等等。国庆节乃至生日祝寿等，逢"十"也要举行盛大庆典。所有这些传统习惯，都反映了中国人追求"十全十美"的民族心理。

　　中国人当然也有不喜欢的数字，比如"四"。中国人大多厌恶、排斥、回避带"四"的事物。这种现象也常出现于中国之外的汉字文化圈，如日本、朝鲜半岛、越南、马来西亚、新加坡等。汉字文化圈对"四"字的厌恶缘于其发音容易让人联想到死。因为在汉语的大部分方言中，"四"字的发音和"死"字仅仅在声调上有区别。而在日语和韩语中汉字的读音没有声调，导致"四"和"死"两字的发音更是完全相同。故长期以来民间常常把"四"当作不吉利的数字，并且在一些敏感的场合中刻意回避。最常见的回避措施之一为跳过含有"4"的数字，如香港部分住宅楼连40至49层也全部跳过，即39楼的楼上就是50楼。

---

① 　2003年8月18日下午，成都市电信局公开拍卖了100个特别电话号码，其中最为特别的"88888888"由四川航空股份有限公司以233万元的天价购得。

② 　中医八纲又称为八纲辨证，包括表里、虚实、寒热、阴阳等内容，是对疾病进行的详细分析。

1.1.3 西方人①数字词的喜好与禁忌

与中国人在数字上崇尚偶数完全不同，西方人明显崇尚奇数。从古希腊时起，西方各民族就信奉"天人相分"②的宇宙观，认为世界上万事万物都是对立的，故西方民族强调对立，重视矛盾，认为个人竞争才是美。反映在数字文化上，就是西方民族视偶数为不祥，奇数为大吉（唯13例外）。所以，表示庆贺时送给亲朋好友的鲜花应为1、3、5、7支或者更多（13除外），而祭悼亡灵时送花则为2、4、6、8等偶数。

西方人把"三"视为完美的数字。古希腊哲学家毕达哥拉斯（Pythagoras）就称"三"为完美的数字，它代表着开始、中间和结束。在基督教文化里，主张圣父、圣子、圣灵三位一体。如英语有"All good things go by three.（一切好事以三为标准）""Number three is always fortune.（三号代表运气好）""The third time is the charm.（第三次一定会成功）"等等。由此可见西方人对"三"是多么偏爱！

"七"这个数字在西方表示有预见性，它代表着力量、智慧，无论是基督教还是犹太教都认为上帝耶和华造物七天七夜完成，基督教的主要祷文分为七个部分等都说明了禁忌文化和基督教有着联系。③

西方还有个避讳的数字"13"。文艺复兴时期最伟大的画家达·芬奇（Da Vinci）在《最后的晚餐》中描绘了耶稣被出卖前夕与他的弟子们共进晚餐的情景，画面上参加晚餐的共有13人，第13人就是背叛者犹大。因此，"13"这个数字作为"不幸的象征"，一直是西方的禁忌。如果恰逢13日这天是星期五，那么这个周五就会被视为"黑色星期五"，这两个日子合在一起就成了最险恶的日子。

---

① 西方从政治概念上讲指资本主义发达国家。本书所指的西方人则主要是这些国家的人。

② "天人相分"是2003年公布的自然辩证法名词。在处理"人"和"天"的关系方面，中华民族采取了"天人合一"观，西方民族采取了"天人相分"观。钱穆认为："西方人好分，是近他的性之所欲。中国人好合，亦是近他的性之所欲。"

③ 闫丽君，杨林. 英汉语言文化对比与翻译 [M]. 银川：宁夏人民出版社，2013：140.

1.1.4　中西方数字词喜好与禁忌的例外

在一般情况下，中国人崇尚偶数，西方人崇尚奇数，但也并非板上钉钉，而是还有例外。最典型的就是中国人对"九"特别看重，而西方人对"十三"极其忌讳。

中国人自古就对数字"九"特别重视。《黄帝内经·素问·三部九候论》："天地之至数，始于一，终于九焉。"在汉语中，一至十的数字里，九是最大的阳数，由此引出"无限"之说。比如"九天""九重天""九霄云外"表达极高，"数九寒天"形容极冷，"九州方圆"极言疆土辽阔无垠，等等。

中国古人认为天有九层，九重天是天的最高处，由此数字"九"演化出神圣之意，享有独特的尊贵地位。此外，"九"是龙形的图腾化文字，《周易》说："九五，飞龙在天，利见大人。"中国古人把数字分为阳数和阴数，奇数为阳，偶数为阴。阳数中九为最高，五居正中，因而以"九"和"五"象征帝王的权威，称之为"九五之尊"。中国历代帝王为了表示自己神圣的权力来自天赐神赋，便极力把自己同"九"联系在一起，如天诞日[①]为正月初九，祭天一年九次等。因汉语中"九"与"久"同音，帝王们也常用"九"来象征他们的统治天长地久。所以宫殿建筑也与"九"有关，如故宫的正门天安门面阔九间，宫殿和大小城门上都用金黄色的门钉装饰，横九排，竖九排，共计九九八十一个。宫殿内的台阶都是九级或九的倍数，就连北海附近的九龙壁，也是以九为限。

即使在民间，人们也有选择含两个"9"作为喜日的习俗，"99"与"久久"谐音，含有"天长地久"之意。近些年来，受西方习俗的影响，中国的年轻人过上了中西合璧的情人节，2月14日这天，恋爱中的男子向恋人送上99或999朵玫瑰已不鲜见，且日益成风。中国民间还有所谓"暗九"的说法，即"九"的倍数，如"十八""三十六""七十二""三百六十"等，因此汉语中有"女大十八变""三十六计，走为上计""孙悟空七十二变化""三百六十行，行行出状元"等习惯说法。其中的数字并非实指，而是

---

① 正月初九是民间传说中天帝降生之日，也是天公的寿辰。

泛指数量之多。

以上我们主要对比了中西方在数字词方面的文化差异。除此之外，印度人喜欢单数，不喜欢"六"和"八"，忌讳"十三"；韩国人生活中处处都有"三"和"七"，显示出对这两个数字的偏爱；菲律宾人认为"七"和"八"是最幸运的数字；泰国人喜欢"九"而讨厌"六"；日本人最忌讳的数字是"四"和"九"；等等。在国际中文教学中，国际中文教师要对不同国家对学生进行有针对性的教学，避免相关的数字禁忌。

1.1.5　探索数字文化教学法，提高跨文化交际能力

国际中文教师在国际中文教学中，进行数字词和数字文化的教学是必不可少的，也是汉语文化教学的重要组成部分。国际中文教师可以尝试以下几种教学方法：

（1）分类讲解法

按照难易程度，汉语中的数字词大致可分为三个等级：

第一类是外国学生只需单看字面就可以理解的数字词。比如：一半、三棱镜、四维空间等。对这类词教师无须多加讲解，基本可以等值对译。

第二类是单看字面不能完全理解且具有一定文化内涵的数字词。例如：一帆风顺、三番五次、四平八稳、五彩缤纷、八面来风等。对这类词一般要通过意译或转译来解决。

第三类是具有特殊文化内涵的数字词。这类词基本上不再表示计数义，而主要蕴含文化义。其中有的表示中国所特有的事物，如"一品"[1]"二胡""三国""四书""五音"[2]"六朝"[3]"七夕""八宝酱菜"[4]等；有的有历史典故，如"一鼓作气""二一添作五""冰冻三尺非一日之寒""一朝被蛇咬，三年怕井绳"等。对这类词，教师要从语言教学的需要

---

[1]　封建社会中官品的最高一级。自三国魏以后，官分九品，最高者为一品。

[2]　五声音阶，中国古代音律。就是按五度的相生顺序，从宫音开始到羽音，依次为宫、商、角、徵、羽。

[3]　"六朝"一般是指中国历史上三国至南北朝的南方的六个朝代。即孙吴（或称东吴、三国吴）、东晋、南朝宋（或称刘宋）、南朝齐（或称萧齐）、南朝梁（或称萧梁）、南朝陈这六个朝代。

[4]　"八宝酱菜"是北京的传统小吃，顾名思义至少有八种蔬菜，经腌制而成。

出发，讲解清楚文化知识和数字词的用法。

（2）插入讲解法

外国学生在学习汉语数字词时，常常因缺乏相应的文化知识储备而感到费解。在这种情况下，教师应发挥其主导作用，在讲解课文的过程中，把教材中数字词所蕴含的文化知识穿插在语言教学中进行讲解，或者选一些典型的与教学相关的文化材料，采用灵活多变的教学方法将它们恰到好处地介绍给学生，必要时还可以开设数字文化专题讲座。

（3）对比分析法

对比分析法是第二语言教学普遍采用的重要方法。对比分析法可以帮助学生排除母语语言和文化的干扰，弄清楚文化差异，也有助于克服学生学习的心理障碍。如前所说，在西方文化中"十三"被视为不吉利的数字，甚至达到了谈"十三"色变的地步。但"十三"对于中国人来说却没有什么特殊的禁忌，它只是一个普通的序数词而已。比如清末小说家文康在《儿女英雄传》中就塑造了侠女"十三妹"的英雄形象；明代皇陵集中的有十三座，号称"十三陵"；甚至连中国四大药店之首的北京"同仁堂"，也把其配制的最有名的十三种中成药合称"十三太保"。通过对比，教师可以使学生明了两个不同的文化圈在这方面的文化差异，在汉语学习和跨文化交际过程中就不会出现偏误了。

（4）交际实践法

汉语数字习语含有丰富的文化内涵，在使用过程中常常受到具体的交际环境的影响，如时间、话题、交际双方的情感等。因而在国际中文教学中，教师不应该只教会学生读写数字习语，更应该教会学生使用地道的数字习语。为此，国际中文教师还应设置相应的交际环境，灵活选用适当的训练方法，鼓励学生进行口头或笔头的言语实践活动。教师可以带学生到课堂外的社会文化实境，如在北京，教师可以带学生去游览故宫。故宫正门有81颗门钉，正好印证了数字"九"的文化内涵，因为九九八十一。这是中国封建社会等级制度的反映。

当然，数字词的文化教学法是多种多样的，以上只是提供几种方法作为参考。总之，教师应采用灵活多变的方法增强学生对汉语数字文化的敏感度，使数字文化充分发挥它在跨文化交际活动中的有益作用。

1.2 植物词

千百年来，人们不仅从植物中提取生物能量，还根据它们的颜色、形状或习性赋予一定的寓意，以花草树木等为喻体叙事喻理，抒情托物，这在各种语言中都是常见的语言现象，尤其在植物词汇中更为常见。在中国传统文化当中，大量的植物词语被赋予了丰富多彩的联想意义，人们借景抒情，托物言志，这就造成汉语中有丰富联想意义的植物词的数量远远超过其他语种。在文化内涵上，既有趋同的一面，也有文化差异。以英汉两种语言为例，很多植物词的字面意义大致相同，有些植物词所映射出的文化内涵也有着大体一致的倾向。比如桂树，在汉英两种语言中人们都把它与出类拔萃和荣誉联系在一起。中国古人用桂枝编成花环戴在头上作为装饰，叫桂冠。在科举考试中如果考中状元，便被称为"折桂"，意思是得了第一名。无独有偶，西方人也喜欢用桂枝编成花环戴在勇士和诗人的头上，后来桂树逐渐成为荣誉和成功的象征。又如玫瑰，在汉英两种文化圈中，玫瑰都象征爱情，因为玫瑰花不蔓不枝，一花独放，而且一年只开一次，所以人们用玫瑰象征专一忠贞的爱情。

但在更多的情况下，在不同的文化圈中，相同的植物词却有着不同的文化内涵，或不同的植物词有着相同的文化内涵，这种情况更为常见。

1.2.1 相同的植物词有着不同的文化内涵

有些植物词在汉语当中含有褒义，而在英语中却含有贬义；同理，一些植物词在汉语当中含有贬义，而在英语当中却有褒义。

如"菊花"在秋风瑟瑟、万物凋零中争奇斗艳，傲霜斗雪，独占鳌头，故中国古人常常把菊花比作"花中君子"。历代文人骚客都歌颂过菊花，通过菊花表现出他们伟大的人格。而在西方文化中，菊花如斯坦贝克（Steinbeck）小说《菊》中所写的那样，代表孤独，而黄色的菊花更是送给过世之人的花卉。

再如"莲花",在中国文化中向来是比喻人的志气高洁。宋代理学家周敦颐就在其《爱莲说》中写道:

予独爱莲之出淤泥而不染,濯清涟而不妖……莲,花之君子者也。

而在英美国家莲花却是代表疏远的爱。在日本,更是把莲花与幽冥世界和死亡联系在一起,被视为丧花。

在中国,康乃馨是送给病人的最合适的花卉,谐音有早日康复之意。而在西方国家,给人送康乃馨则意味着拒绝和伤感。[①]

再比如"柳树"。常言道:"迎客松,送客柳。"所以柳树在汉语中是"离别"的象征,常被用来表达忧伤离别之情。这是因为在汉语中"柳"与"留"谐音,所以柳树便有了"挽留、离别、依恋、思念"的文化内涵,暗含了折柳送人的习俗和以柳寄情的手法。早在《诗经》中就有"昔我往矣,杨柳依依。今我来思,雨雪霏霏"的句子;传为盛唐大诗人李白的《忆秦娥》中有"秦楼月,年年柳色,灞陵伤别";王维的《渭城曲》中有"渭城朝雨浥轻尘,客舍青青柳色新。劝君更尽一杯酒,西出阳关无故人";北宋词人柳永的《雨霖铃》有"今宵酒醒何处?杨柳岸,晓风残月";这些都是借"柳"来表达思念之感伤,别离之痛苦的。

英语中的"柳"与汉语中的"柳"指的是同一植物,都有"忧伤"的联想意义,但汉语中的忧伤是由离愁引起的,而英语中所指的"忧伤"是因死亡造成的,因此其文化内涵并不完全相同。英语中的柳树通常代表忧愁悲伤,也意味着死亡或失恋。莎士比亚的四大悲剧之一《奥赛罗》中的女主人公苔丝狄蒙娜(Desdemona)曾经吟唱过的《柳树之歌》,表现了她失去心爱之人的痛苦和忧伤,同时也暗示了她的香消玉殒。

以上可看出"柳树"在汉语和英语中的文化差异,从中反映出两种文化各自的特点。

1.2.2　不同的植物词有着相同的文化内涵

"松树"四季常青,寿命可逾千年,在中国传统文化中常用来比喻志

---

① 马伯英.剑河的凝思[M].上海:复旦大学出版社,1996.

行高洁、坚韧不拔的君子。唐代诗人于邺在《赠卖松人》中说松树为"寒涧树"，象征那些"富贵不能淫，贫贱不能移，威武不能屈"的君子，因为松树"瘦叶几经雪，淡花应少春"，表现了一种抗拒严霜、不趋炎附势的高贵品质。松树千年不凋，所以人们又常常用它的顽强生命力象征健康长寿，并有"福如东海长流水，寿似南山不老松"以及"松龄鹤寿"之说。时至今日，中国人仍喜欢挂"松鹤延年"的年画，表达了祈求吉祥长寿的愿望。

"竹子"高耸挺拔，质地坚硬，中空有节，它的这些特点很容易令人联想起高风亮节的品质。在中国古代，退隐的文人士大夫多喜欢栽几蓬翠竹，以寄托自己正直、坚贞的情怀。宋代大文豪苏东坡在《于潜僧绿筠轩》云："宁可食无肉，不可居无竹，无肉令人瘦，无竹使人俗。"中国人喜欢种竹、赏竹、咏竹，还常用郑板桥《咏竹》诗抒发学生对师长栽培的感激："新竹高于旧竹枝，全凭老杖为扶持。明年再有新生者，十丈龙孙绕凤池。"就连《红楼梦》中的林黛玉也特别喜欢竹子，她住的潇湘馆里翠竹掩映，绿树环绕，这与她强烈的自尊自傲的个性十分合拍。总之，竹与中国传统文化有着千丝万缕的联系，与"竹"有关的成语也有不少，如"高风亮节""胸有成竹""势如破竹""雨后春笋""竹林七贤""青梅竹马"等。

"梅花"原产于中国，是中国的传统花卉。梅花由于开在寒冬时节，傲霜斗雪，而在中国人心目中有着崇高的地位。梅花象征坚韧不拔、百折不挠、奋勇当先、自强不息的精神品质，这也是中华民族精神的体现。北宋诗人林和靖与梅花的关系之密切，堪称个中之最。他隐居杭州孤山，一生不娶不仕，以梅为妻，以鹤为子，传为千古佳话。在中华民族以花咏情的诗词中，颂扬梅花的数量远远超过了其他花卉。如北宋诗人王安石的《梅花》：

> 墙角数枝梅，凌寒独自开。遥知不是雪，为有暗香来。

这首诗表现了梅花坚毅、高洁的品质，可以说是代表了中国人的民族性格。

正因为"松树""竹子""梅花"这三种植物在寒冬时节仍可保持顽强的生命力，又是中国传统文化中高尚人格的象征，所以在中国文化中被誉为

"岁寒三友"。

但它们在英语文化圈中却不能引起上述这些联想，而只是普通的植物而已。比如英国也有松树、竹子和梅花，但在英国却没有像在汉语中那样特殊的民族文化内涵。英国人只知道松树是一种常青的植物，竹子有高有矮，可以食用，并且两者都可以为人们的日常生活提供优质材料。在英语文化圈中，"oak"（橡树）却有着与汉语文化当中松、竹蕴含的同样的文化意义。英国人非常喜欢橡树这种植物，因为它质地坚硬，刚强挺拔，所以人们也同样喜欢用"橡树"一词做比喻，来表达"刚强不屈"之义。英语有习语"a heart of oak"意为"刚强勇敢果断之人"。

在中国，"兰花"是一种较为常见的深受文人雅士和大众喜爱的植物，气味芬芳且不媚不俗，不失高雅，所以有"吐气如兰，奉身如玉"的说法；同样，在英语当中也有以花朵来形容沁人心脾的气味这种用法，只不过不是"兰花"，而是"rose"（玫瑰）。"玫瑰"一词在英语中使用十分频繁，人们常用它表示芬芳的味道。

再如，提到被誉为"花之君子"的"莲花"，就会令人想到"出淤泥而不染，濯清涟而不妖"，因此，莲花常被作为纯洁、高雅、不随波逐流的象征，所谓"高洁如莲"正是此意。英文当中则常常用"lily"（百合花）来象征"纯洁"，所以有习语"pure as lilies"（如百合花一般纯洁）。

1.2.3　植物词中的文化内涵缺省

文化不是等效的。由于东西方文化传统迥然不同，有些植物词在一种语言文化里具有丰富的内涵和外延，且能引起美好的联想，而在另一种语言文化里却平淡无奇，毫无文化意义，两种语言的转换很难做到完全对等，这就是文化的个性和差异。文化差异造成了植物词文化内涵的缺省现象。所谓文化内涵缺省，是指母语中的相关文化内涵在目的语中根本不存在或不完整，因而造成理解上的不完整甚至失败。比如有的植物词在不同语言中的指示意义基本相同，但其文化内涵只有某种语言所独有。作为国际中文教师，应特别注意以下两种情况：

（1）汉语文化内涵缺省

在西方，"迷迭香"被视为爱情、忠贞和友谊的象征，自古就被称为"神圣的草"。莎士比亚剧中有名的对白："There's rosemary, that's for remembrance; pray, love, remember: and there is pansies, that's for thoughts."（迷迭香，是为了帮助回忆，亲爱的，请你牢记在心。）[①]因此，人们有在婚礼上使用迷迭香的习俗，即由伴娘在结婚典礼当天一大早就将用丝带绑起来的迷迭香交给新郎，作为"爱情不渝的证明"。而在欧洲的婚礼中常见新娘子以迷迭香作为配饰，向世人昭告她对爱情的忠贞不渝。而在汉语中，迷迭香只是一种普通的植物，并无特别的文化内涵。

"苹果"在汉语里的象征意义分正反两种，首先它象征"和平"，原因是"苹"与"平"是同音字。但又因为"苹"与"病"是近音词，所以，带苹果去探病在中国是不合适的。而"apple"（苹果）在英语中有很多含义：如"apple of one's eye"，意思是"掌上明珠、心爱之物"；"Adam's apple"，意思是"男人的喉结"[②]；"apple-polisher"一词则用来比喻那些善于拍马屁的人。

"棕榈树"对中国人（尤其是北方人）来说比较陌生，汉语文化内涵更是无从谈起；但在西方人眼里，却是"荣耀、胜利、优越"的象征。"黄水仙"在汉语当中只是一种普通的植物，在英美文化当中却象征着欢乐。英语中甚至已形成了一种以花代言的现象，如"lilac"（紫丁香）表示"羞怯，初恋"；"jasmine flower"（茉莉花）表示"你属于我"；"violet"（紫罗兰）表示"永恒之美"；"sunflower"（太阳花）表示"神秘"；等等。这一切文化现象在汉语文化圈中都是缺省的。

（2）其他语种植物词的文化内涵缺省

"葫芦"（宝葫芦）是中华民族最具有代表性的吉祥物之一。首先，从发音上来说，汉语"葫芦"与"福禄"近似，属谐音，所以在汉文化中，人们通常用葫芦来驱邪消灾，祈求幸福安康，并且把对美好生活的向往倾注在葫芦上。其次，从外形上看，葫芦由两个球体组成，因而有"和谐美满，

---

① 出自莎士比亚的《哈姆雷特》。

② 语出于《创世记》第 3 章。

夫妻互敬互爱"的含义。其三，葫芦多籽，这便很容易令人联想到"多子多福，繁茂吉祥"。然而在其他文化圈中，这些植物词却完全没有以上这些文化内涵。

"牡丹"是中国的特产花卉，因花朵雍容华贵、端庄富丽而素有"国色天香""花中之王"的美称。在汉文化中，牡丹历来是幸福和平，吉祥美丽、繁荣昌盛的象征，也是历代文人墨客争相吟咏的对象。在大唐盛世，牡丹花开时节，繁花似锦，灿烂辉煌。全国上下无不为之倾倒，牡丹花季成了首都长安的狂欢节。唐代诗人刘禹锡在《赏牡丹》中不禁赞誉：

> 唯有牡丹真国色，花开时节动京城。

更有皮日休写的《牡丹》诗：

> 落尽残红始吐芳，佳名唤作百花王，竞夸天下无双艳，独占人间第一春。

自唐宋以来，牡丹成为吉祥幸福、繁荣昌盛的象征，并得以世代延续下来。牡丹花姹紫嫣红，富丽堂皇，从气质上给人以富贵之感。自宋代以来，牡丹即被称为"富贵花"。北宋哲学家周敦颐的《爱莲说》写道：

> 自李唐以来，世人甚爱牡丹。……牡丹，花之富贵者也。

从此，牡丹便与"富贵"二字紧密联系在一起。

植物词"牡丹"所蕴含的这些文化内涵，是中国文化所独有的。

此外，在中国传统文化中，亲人、爱人及朋友之间是不能"分梨"吃的，因为在汉语中"梨"与"离"谐音，所以"分梨"可读为"分离"，有不吉祥之意。这种谐音文化也是中国文化所独有的。

1.2.4　植物词文化内涵的差异

从以上的对比中我们不难看出，中外文化中的植物词的文化内涵"异"多"同"少，这种趋异现象主要是由于不同文化圈的人总是依据自己所属的文化传统和习惯来阐释植物词。因此，把一种文化接受的植物词的文化内涵移入另一种文化当中，总是很难被接受的。如果不了解另一种语言的文化背景，便无法对这种语言中的植物词的文化内涵做出准确的理解。例如，英语中"rose with thorns"（带刺的玫瑰）表示"美中不足的事物"，而汉语中"带刺的玫瑰"却表示难以接近的妙龄少女。如果不了解这类文化差异，便容易曲解植物词所承载的文化信息，从而造成交际失误。再比如，中国人把"百合花"看成夫妻恩爱的象征，因为百合花的叶片到了夜晚两两相对黏在一起，于是在中国文化中它象征着夫妻双方百年好合；而英美人重视的却是百合花的纯洁。因此，作为国际中文教师，在讲百合花时，就必须注意到这种文化差异，给外国学生讲清楚它在中国文化中的联想意义。

　　总之，国际中文教师应了解教学对象的文化背景，最大限度地熟悉该文化，从而达到跨文化交际的目的。

1.3　动物词

　　由于文化差异，人们对动物自然也会产生不同的联想。不同语言中的动物词也体现了不同文化对动物的褒贬态度及好恶情感。在这里，我们以汉英两种语言为例加以说明。

1.3.1　汉英文化内涵基本相同的动物词

　　面对同一种动物，不同文化有时也能引起相似的属性联想，由此产生的动物词的文化内涵也会大体一致。比如"狐狸"，它在中国人眼中是一种奸诈、狡猾、多疑的动物。如果说一个人奸猾而又诡计多端，常常被人以"狐狸"称之，这与"狐狸"在英语中的文化内涵是大体一致的。英语中有这样的句子"Don't trust that man, he's a sly old fox."（别信那人，他是一只狡猾的老狐狸）。

　　在中国人看来，"绵羊"是驯服、善良、温顺、任人宰割的，所以在形容温顺、柔弱的人时，常常用"可怜的小绵羊"等表达中国人对绵羊的爱怜与同情。英语的"sheep"（绵羊）也指驯服、温顺和有些愚钝脑腆的人，如"to follow like sheep"（盲从）、"to cast sheep's eyes"（眉目传情）、"to separate the sheep from the goats"（区分好人与坏人）等。

"狼"在汉文化中表示凶残、野蛮、杀戮，因此人们常说坏人"狼子野心""狼狈为奸"。英语中的狼也让人联想到野蛮与残忍，比如说某人是"a wolf in sheep's clothing"（披着羊皮的狼），或以"狼"指称"令人恐怖的人或物"等。

"驴"在汉语文化中是一种较愚蠢的动物，人们常说某人"蠢驴""驴脑袋"。英语中也有"stupid as a donkey"（蠢得像驴一样）的说法。

此外，文化内涵大致相同的动物词还有：都以"鹿"比喻温顺，以"蜗牛"比喻缓慢，以"公鸡"或"孔雀"比喻骄傲，以"蜜蜂"比喻忙碌，以"猴子"比喻顽皮和淘气，用"猪"比喻肮脏、贪吃，以鹦鹉比喻学舌，以天鹅比喻圣洁、典雅、美好，等等。

1.3.2　汉英文化内涵差异较大的动物词

在汉英两种语言中，"狗"的基本意义是一致的，都表示家养的、可帮人看家护院或作为宠物的一种动物，但其文化内涵却有很大差异。在中国文化中，狗是一种卑贱的动物，象征卑劣可恶的品行，往往使人联想到令人厌恶的东西，多用于骂人的话或含有贬义的成语里。尽管现在有很多中国人把狗作为宠物，甚至喜爱之情溢于言表，但总体上对狗的态度还是看不起的，因此由狗组成的词语无一不带有贬义色彩。诸如"走狗""狗腿子""狗杂种""癫皮狗""丧家犬""狼心狗肺""狗仗人势""狗血喷头""狗头军师""狗屁不通""狐朋狗友""狗嘴里吐不出象牙来"等等。

但是，"狗"在西方人眼里，却是忠实听话的伴侣，是人类的好朋友，甚至常常把"狗"当作自己的家庭成员。许多与"狗"沾边的词都被赋予积极的意义，如："puppy love（少年时期的初恋）""top dog（地位显赫）"等。代代相传的习语、俗语中也体现了"狗"在西方的价值，如"Every dog has his day（人人皆有得意日）""Love me, love my dog（爱屋及乌）"等等。

中西方神话都有关于"龙"的描述。在中国的神话传说中，龙是一种能兴云降雨的神奇动物，它在中国人民心目中是至高无上的，被尊为民族的图腾，中国人素以"龙"的传人自称，"龙"也成了中华民族的象征。在中国，历代帝王被称为"真龙天子"，具有至高无上的权威。许多与"龙"有关的成语如"望子成龙""龙凤呈祥""龙飞凤舞""生龙活虎""龙腾虎跃"等，都具有积极向上、吉祥美满的文化内涵。也因此，人们的名字中非常喜欢用"龙"字，如"贺龙""成龙"等。但在西方的神话中，"龙"却是一种巨大的蜥蜴，长着翅膀，身上有鳞，拖着一条长长的尾巴，能够从嘴中喷火。

汉语赋予"马"的文化联想意义极为丰富，如"千里马"指"人才"，"老马识途"中的"老马"指经验丰富的人。在中国文化中，"马"还代表了一种勇往直前、蓬勃向上、势不可挡的民族精神。如"马到成功""马不停蹄""龙马精神""一马当先"等。英语中虽然也有用"马"借指人的用法，但其文化内涵却不同。例如"dark horse"（黑马），指的是意想不到的胜利者。

"牛"在中国人心目中是终日劳碌、埋头苦干、无私奉献的典范，汉语中有"老黄牛"的说法。而西方人对牛的看法却是横冲直撞，桀骜不驯，如"don't have a cow"（别发火，指脾气坏、暴跳如雷）；相反，他们对"马"比较偏爱，也喜欢用"horse"来比喻生活中的人与事或表达某种情感。在一些情况下，中文中的"牛"和"horse"的象征意义正好吻合。如"talk horse"（吹牛）。

在古希腊罗马神话中，"猫头鹰"常栖息在智慧女神雅典娜的身边，因此在西方人眼里它是"聪明、机智"的象征。英语中就有"像猫头鹰一样聪明（as wise as an owl）"这样的成语。而在中国，由于"猫头鹰"常常在深夜发出凄厉的叫声，恰与某些偶然性事件相连，于是便把猫头鹰同"倒霉、厄运、不吉利"等联系起来，认为猫头鹰是一种不吉祥的鸟，所以有"夜猫子（猫头鹰）进宅，好事不来"的说法。

再如"蝙蝠"。在汉语中，由于"蝠"与"福"同音，蝙蝠便被视为幸福的象征。中国民间有许多图案采用蝙蝠以表达吉利，红蝙蝠更是代表大吉大利，因为"红蝠"与"洪福"同音。而在西方的民间传说中，蝙蝠却是一种邪恶的动物，总是与罪恶、黑暗联系在一起。这从英语成语的一些常规意义的表达中即可看出端倪，例如"像蝙蝠一样有眼无珠（as blind as a bat）""像蝙蝠一样疯（crazy as a bat）"等。

1.3.3　英语动物词的文化内涵缺省

文化差异造成了动物词语义缺省现象的出现，亦即原语所载文化内涵在翻译中不能产生等值的文化联想。汉英动物词中的这种情况显著地表现在"鹤"这个动物词上。

"鹤"作为动物词的指称意义是"鸟类的一属"，这在汉英两种语言中都是一样的。但英语中的"鹤"除了因其颈长而具有"伸长脖子"的引申义之外，几乎没有什么文化内涵。相比之下，汉语中的"鹤"却有独特、丰富的文化内涵：

（1）高洁的象征。鹤形态美丽，素以喙、颈、腿"三长"著称，直立时可达一米多高，再加上顶赤、身白，给人一种清高的感觉，看起来仙风道骨，故被道家引入神仙世界，被视为出世之物，也就成了高洁、清雅的象征。中国古人多用翩翩有君子之风的白鹤，比喻具有高尚品德的贤能之士，把修身洁行而有盛誉的人称为"鹤鸣之士"；成语"鹤立鸡群"，则常用来形容仪表和才能出众的人。

（2）忠贞的象征。鹤雌雄相随，终身相守。若一方遭遇不测，另一方终身不娶不嫁。《渚宫旧事》①记述南朝宋明帝修建竹林堂，新阳太守郑哀献上雌鹤，将雄鹤留在自己家中。雄鹤失偶，昼夜鸣叫，闻者为之泪下。雄鹤又常飞赴堂中，与雌鹤交颈共舞，宫人驱之，不肯离去。

（3）长寿的象征。由于鹤跟道教、神仙有着密切的关系，因此，鹤作为一种文化现象，又有了一种另外的延伸义——被视为长寿的象征。事实上鹤的寿命也的确可达八十多年，与龟一样被视为长寿之王，因此又有"仙鹤"之称。在民间，鹤与松常常画在一起，意为"松鹤长春""鹤寿松龄"或"松鹤遐龄"，成为长寿的象征。有时鹤与龟画在一起，其吉祥意义是"龟鹤齐龄""龟鹤延年"。后世常以"鹤寿""鹤龄""鹤算""鹤发童颜"等作为祝寿之词。年长的人去世则有"驾鹤西游"的委婉说法。

---

① 一称《渚宫故事》。唐余知古撰，十卷。以朝代为序，记古荆楚地区史事、人物及掌故，始于西周文王时的鬻熊，止于唐末。渚宫为春秋时楚之别宫，因取为书名。

（4）美好的象征。"鹤"在中国古代就是稀少的珍贵动物，常言道："物以稀为贵。"因此鹤还可以象征美好的事物。如"焚琴煮鹤"的典故，说的是把琴当作燃料去煮白鹤。琴与鹤都是珍贵之物，所以这个典故比喻随意糟蹋美好的事物。

还有"鸳鸯"，在中国人心目中一直是夫妻和睦相处、爱情永恒的美好象征。传说中认为鸳鸯一旦结为配偶，便游则并肩、飞则比翼、睡则交颈，即使一方不幸死亡，另一方也不再觅新欢，而是孤独凄凉地度过余生。于是，鸳鸯常被诗人写入诗中，从而留下"鸳鸯相对浴红衣，短棹弄长笛""梧桐半死清霜后，头白鸳鸯失伴飞"等无数动人的佳句。由于中国人常用鸳鸯象征忠贞的爱情和恩爱的夫妻，所以洞房里常用鸳鸯帐、鸳鸯枕和鸳鸯被，窗户上贴着鸳鸯戏水的红窗花。

相比之下，"鹤"和"鸳鸯"在西方人的眼中却只是普通的动物，并未引起任何文化联想。

1.3.4　汉语动物词的文化内涵缺省

在英语文化中，"beaver"（河狸）是勤奋的代表。这种动物在北美很常见，它们每天都很勤奋努力地造房子，不停地工作，所以北美人用"河狸"来形容那些在工作岗位上勤奋努力、兢兢业业的人。而在中国这种动物很少见，所以河狸也就只能是个普通的动物名称，引不起人们的联想和想象。

在英语中，"ostrich"（鸵鸟）有多种喻义。"ostrich"这个词源于希腊语的"struthio camelus"，意为"大鸵鸟"。这个名称既揭示了它巨大的体型，也暗含了它与其他动物的不同之处。在古代希腊神话中，鸵鸟被认为是大地之神盖亚（Gaia）所创造的奇迹，拥有超凡的能力。在英语文化中，它也被赋予了力量和速度的象征意义。在体育领域，"ostrich"一词常被用来形容那些奔跑速度快、力量强大的运动员。英语的"ostrich policy"（鸵鸟政策）表示"回避现实、不闻不问"。英语俚语有"to bury one's head in the sand"（把头埋进沙子里），指的就是鸵鸟的行为。而在汉语中，鸵鸟仅用于指此类动物而已，没有专门的寓意。

英语中的"unicorn"（独角兽）是西方古老故事中虚构的动物形象，形状像马，头上有独角，常比喻子虚乌有之物。但在中国文化中并没有对应的意象，更没有对应的文化内涵。

此外，在西方，"shark"（鲨鱼）指代狡猾的商人，"oysters"（牡蛎）代表沉默寡言的人等，而汉语中却没有与之对应的文化内涵。英语中"cat"（猫）常用来比喻心地恶毒、爱说别人坏话的女人；而汉语中的"猫"却没有这层文化内涵。

1.3.5　不同的动物词具有同一文化内涵

由于东西方对客观事物的认识方式不同，对同一动物词所隐含的联想义、比喻义、象征义的理解也不尽相同，因此对同一意义的表达往往使用不同的动物名称。如在中国文化中，"虎"是百兽之王，代表勇猛、威风、有活力、尊贵、权威等。所以有"虎虎生威""龙腾虎跃""虎踞龙盘""狐假虎威"和"山中无老虎，猴子称大王"之说。

但是在西方文化中，百兽之王却是"狮子"，表达上述文化内涵时用"狮子"而不用"老虎"。凡汉语中用虎的词语，英语中多改用狮子。如"as brave bold as a lion（威猛如虎）""lion in the way（拦路虎）""make a lion's meal of（狼吞虎咽）""twist the lion's tail（摸老虎屁股）"等等。

由于中英两国主要的农耕畜力分别是牛和马，两国人民对它们产生的感情也不一样，所以赞美其体格和奉献精神时也采用不同的表达。比如英语用"as strong as a horse"表示中文"健壮如牛"的意思。用"work like a willing horse"表示中文"像牛一样勤劳、苦干"的意思。

1.3.6　提高动物词的教学质量，加强跨文化交际能力

通过英汉动物词文化内涵的对比分析，我们可以清楚地看到，任何一种语言中的动物词都不仅限于动物本身的指称意义，而是打上了深深的文化烙印，动物词也因此具有了丰富的文化内涵。这种文化内涵有的来自神话传说和民间故事，有的来自宗教信仰，有的来自文学作品，有的来自谐音，还有

的来自动物本身的特征，不一而足。从这个意义上讲，国际中文教师只有深入了解不同语言中动物词汇的文化内涵差异，在教学过程中采取一些有针对性的措施，才能准确地传达语言和文化信息，更好地进行跨文化交流。

从事国际中文教学的人都知道。对不同语言中字面意义和文化内涵基本一致的动物词，无须做更多的处理，只要告诉学生动物词的文化内涵，让学生学会使用就可以了。但对汉语中的谐音动物词和文化内涵差异较大的动物词，就必须讲究教学的方式、方法。比如"蝙蝠"，由于"蝠"字与"福"字同音，而"福"则是"幸福""福气"之意，以至于一读到"蝙蝠"就自然而然地产生了"幸福"的谐音联想，所以"蝙蝠"深受中国人的喜爱。再如鸡的语音联想意义是"吉祥、吉庆"，鱼的语音联想义是"剩余、盈余"，这些语音联想意义也就形成了动物词的文化附加义。因此，国际中文教师在课堂上讲解这类谐音动物词时，除了要把谐音、同音字词给学生列出来，更要讲清楚这些谐音字词的语音联想意义，使学生明白动物词的文化内涵的来源，这样就容易把这些词记得更牢固、深刻。

在给学生讲解文化内涵差异较大的动物词时，最好先让学生说出在母语文化中这种动物词有何文化内涵，在母语中如何表达和使用；然后再告诉学生这种动物词在汉语中的文化内涵，以及由此而产生的汉语表达方式和基本用法。在此基础上，再让学生加以比较，在比较中找出差异，在讨论中掌握汉语动物词的文化内涵及其使用方法。

1.4　颜色词

颜色是自然界中最灿烂的表象，对颜色的认知属于人类最基本的认知范畴之一。在语言王国中，颜色词就如同一条彩虹，映射出五彩斑斓的万物，也折射着社会属性和时代特征，体现着不同的文化内涵。人类对于颜色的看法既有认知共性的一面，也有文化个性的一面。在不同文化之间，颜色词的文化内涵都是在社会的发展、历史的沉淀中约定俗成的，是一种永久性的文化现象。如果我们深刻洞察不同语言中颜色词的文化内涵并正确使用，在跨文化交际中就会大有助益，也更有利于国际中文教学。

下面我们以汉英两种语言中的基本颜色词为例，通过比较来看其文化内涵的异同。

1.4.1 红色

在汉英两种语言中，"红色"的文化内涵既有相近之处，也有较大差异。相近之处主要表现在以下方面：

（1）"红色"是血液、太阳、火焰的颜色。在人类早期历史上，太阳和火焰对人们的生活意义重大，这使得不论在汉语还是英语中，"红色"都是与温暖、幸福、美丽、快乐等联系在一起的。

（2）无论在中国还是西方，红色常常出现在重要节日或重要活动之中。比如中国人过春节的时候，家家户户在门上贴上红色的"福"字，挂上红灯笼，窗户上贴上红色的窗花，并且给小孩子们发送红包。在中国传统婚礼上，新娘总是身穿红色礼服，脚穿红色鞋子，头戴红盖头；前来娶亲的新郎的胸前也总是挂着一朵丝绸制成的大红花。尽管目前在西方文化的冲击和影响下，中国婚礼习俗有所改变，但红色无疑还是中国婚礼上的主流颜色。在西方，"红色"也可用来表示重要节日或重要活动。比如"喜庆的日子"，在西方一般指圣诞节或者其他节日，这些日子在日历上是用红色标注的，圣诞老人的穿着也以红色为主；红衣主教要穿红衣代表权威，教堂里也装饰着红色。伦敦的三大红色标志就是红色的邮筒、红色的电话亭和红色的双层巴士。

（3）"红色"在汉英两种语言中还可以表示色情。在中国，妻子对丈夫不忠用"红杏出墙"来形容，男子寻花问柳则可以说是"倚红偎翠"，这些都是不道德的风流韵事。英语中也有"红灯区"，指色情服务集中的地方。随着社会发展，受西方文化的影响，"红灯区"一词现在也常出现在汉语中。

（4）"红色"在汉语中是喜色，是幸福和快乐的象征，如"红包""红火""开门红"等。但在英语中，"红色"却用来表达危险、愤怒、禁止，如"red flag"（禁止）、"a red battle"（血战）、"to see red"（表示突然生气，这是源于公牛一看到红色的东西就会发怒）。

　　对国际中文教学来说，"红色"在汉英两种语言中的文化差异更值得注意。中国文化中的红色源于太阳，因为烈日如火，色彩赤红，太阳给世界万物带来温暖和生机，所以中国人对阳光有一种本能的依恋和崇拜，"红色"的喜庆和吉祥之意便油然而生。在中国古代，许多宫殿和庙宇的墙壁都是红色的，如故宫。时至今日，"红色"在中国文化中更是深受崇尚的最基本的颜色，除了象征着吉祥、喜庆，还代表着成功、忠诚、温暖和兴旺等意义，在很大程度上体现了中国人在精神和物质上的某些追求。比如中国人把促成他人美好婚姻的人叫"红娘"，喜庆日子要挂大红灯笼、贴红对联、红福字；男女结婚时贴大红双"喜"字，把热闹、兴旺叫作"红火"，形容繁华、热闹的地方叫"红尘"；"红色"又象征革命，如中国共产党最初的政权叫"红色政权"，最早的武装叫"红军"；"红色"也象征顺利、成功，如"开门红"是指工作一开始就取得了好成绩；"走红运"指走好运；"大红人"指受器重的人；"事业红火"指事业兴旺。"红色"还象征美丽、漂亮，比如指女子盛装为"红装""红袖"，指女子美丽的容貌为"红颜"；传统戏剧中的一些红脸人物（如关羽）被看作是忠心耿耿的英雄等。

　　相比之下，西方人眼中的"红色"主要指鲜血的颜色，而鲜血在西方人心目中是奔腾在人体内的"生命之液"。一旦鲜血流淌下来，生命之花也就凋谢了。因此"红色"带有"危险""激进""流血""暴力"的价值取向。这大概与欧洲人的祖先是游牧部落有关，红色总是引发屠杀牲畜及生命的联想。另外，西方绘画艺术在古希腊、古罗马时期常用色彩表达宗教信仰，红色象征火焰和热血，暗红色象征暴虐和杀戮。所以许多含有红色的词语自然不会有积极的文化内涵，比如"红色"象征危险、紧张、放荡和淫秽等。甚至由此产生了一种颜色禁忌：著名汉学家大卫·霍克斯（David Hawkes）在翻译《红楼梦》时，由于意识到"红色"可能使现代英语读者联想到"暴力"和"流血"，所以采用了小说原来曾使用过的书名《石头记》（*The Story of Stone*）。

　　至于红色在西方文化中的褒义，如"red-letter day（喜庆的日子）""the red carpet（隆重的接待）"等，则得益于不同文化之间的交流和融合。

1.4.2　白色

在中国传统文化中，白色与红色相反，是一个基本禁忌词，因为它代表了不吉利的一面。这种不吉利的联想并非凭空产生，其中一种说法是，因为发洪水时白浪滔滔，洪水危及人们生命财产的安全，从而使"白色"成了一种不祥的预兆；另外，医院的主色调都是白色，在医院里常常会出现生离死别的一幕，清冷凄惨的白色作为医院的代表色就会带给人们一种死亡的恐怖感；再加上，在中国人的观念里，太阳东升西落，东方被认为是希望开始的地方，而西方则意味着事情的终结，况且白色本身给人的感觉就带有清冷和凄惨，是一种死亡的征兆。因此，在中国人心目中，白色是枯竭而无血色、无生命的表现，象征死亡。自古以来亲人死后家属要披麻戴孝（穿白色孝服）办"白事"，要设白色灵堂；旧时还把白虎视为凶神，至今还称带给男人厄运的女人为"白虎星"。

"白色"也象征失败、愚蠢。如战争中失败的一方打着"白旗"表示投降；称智力低下的人为"白痴"；"白色"还象征阴险、狡诈，如中国传统戏剧里的角色"白脸"；人们习惯上把缺乏锻炼、阅历不深的文人称作"白面书生"；如果不受别人欢迎，则会说"遭到某某人的白眼"。由于白色给人一种无色的感觉，因此"白"就产生了"空""无"之类的联想意义，例如"白吃白喝""白手起家"；由"空""无"又引申出没有效果、没有成就的意思，如"白忙活""白搭"等。

在西方文化中，"白色"却大多含有褒义，除了表示"白"这个基本义项以外，还有高雅、纯洁、高尚、公正、幸运、吉利等文化内涵，因此它是西方文化中最受崇尚的颜色。对英语民族而言，象征纯洁、幸福、希望、和平、光明、权力、美丽、善良是英语"white"词义中的主导方向。比如白色用来表达婚纱、纯洁、幸福、优雅。在婴儿洗礼时，身穿白色衣服；新娘结婚时，礼服的色彩是白色，表示爱情的纯洁与坚贞。也有人认为"白色"是上帝最喜欢的颜色。[①]

值得注意的是，由于近些年来中西方文化交流的频繁，在西方关于"白

---

① 许钟宁.语用修辞研究[M].银川：宁夏人民出版社，2011.

色"的文化内涵影响下，白色在汉语中也有了丰富的正面寓意。比如人们会用"白衣天使"来形容护士。在当今社会，"白领"喻指脑力劳动者，与之相对的"蓝领"是指体力劳动者。这两个在汉语中较流行的俗语来自英语。"白领"的英译是"white-collar worker"，"蓝领"的英译是"blue-collar worker"。现在的年轻人结婚，新娘会准备两套衣服，一套是中国传统婚礼中不可缺少的红色服装，另一套则是白色的婚纱。虽然白色在中国传统婚礼中是不吉利的颜色，但是随着中西文化的交流与融合，象征纯洁的白色婚纱也成了中国新娘们的一个选项。

1.4.3　黑色

颜色词"黑色"在汉英两种语言中的文化内涵有不少一致之处，也有一定的文化差异。一致之处主要有：

（1）象征死亡、不幸、悲哀。在中国的葬礼上，死者的亲朋好友通常会臂挽黑纱，以表达对死者的哀悼和敬意。在这里，除了表达哀悼、悲伤之外，"黑"也带有庄重的意思。在西方的葬礼上，死者的亲友等也都穿黑色服装以示哀悼。再如中西方都使用的"黑匣子"，本来是个中性词，用来指装在飞机上记录飞行状况的密封仪器。但是人们打开"黑匣子"时，往往都是在空难发生以后，所以"黑"在这里就象征着灾难和不幸了。另外，英语中的"黑色星期五"指的是耶稣在复活节前的星期五受难，也是悲哀的日子。

（2）象征黑暗、不光彩、不合法、阴险、邪恶。比如汉语里有"黑社会"（指违法的团伙帮派）、"黑车"（指非正规的出租车）、"黑人"（指未上户口的人）、"黑货"（指未纳税或走私的货物）、"黑帮"（指社会上暗中活动的犯罪团伙）、"黑心"（比喻人阴险狠毒，丧尽天良）等词语。英语中也有类似表达，如"black money"（黑钱，以贪污受贿或敲诈勒索等非法手段得来的钱）、"black market"（黑市，暗中进行非法买卖的市场），等等。

"黑色"在汉英两种语言中的文化内涵的差异也是显而易见的。

在中国文化中，黑色有沉重的神秘之感。在古代，黑色是夏代和秦代所崇尚的正色。缁衣（黑色帛做的衣服）是卿士听朝的正服，"戈绨""皂衣"和"玄衣"都是黑色衣服，也是上至国君、下至大臣的礼服和祭服。在中国，黑色陶瓷、黑色漆器和水墨画发展较早，在人们日常生活中占有特殊地位。

一方面"黑色"象征严肃、正义、刚直不阿，如民间传说中的"黑脸"包公，传统京剧中的张飞、李逵等人的黑色脸谱等。中国人还普遍认为黑色的食物对身体好，如黑豆、黑芝麻、黑猪肉等比一般的更有营养。另一方面"黑色"又由于其本身的黑暗无光给人以阴险、毒辣和恐怖的感觉。它象征邪恶、反动，如指阴险狠毒的人是"黑心肠"，不可告人的丑恶内情是"黑幕"，反动集团的成员是"黑帮"。"黑色"又表示犯罪、违法，如称干盗匪行径叫"走黑道"，称杀人越货、干不法勾当的客店叫作"黑店"。"黑色"还象征不利，如代人受过叫"背黑锅"，遭人算计叫"被人给黑了"，等等。

在西方文化中，"黑色"是最基本的禁忌色，体现了西方人精神上摈弃和厌恶的一面。它象征死亡、凶兆、灾难，如"to wear black for her father（为她父亲戴孝）""black words（不吉利的话）"；它象征邪恶、犯罪，如"black man（邪恶的恶魔）""a black deed（极其恶劣的行为）""black guard（恶棍、流氓）"；它也象征耻辱、不光彩，如"a black mark（污点）""black sheep（败家子）"；它还象征沮丧、愤怒，如"black dog（沮丧情绪）""the future looks black（前途暗淡）""he gave me a black look（他怒气冲冲地看着我）"；等等。另一方面，"black"也象征庄重、胃炎和尊贵，如"black suit"（黑色礼服）是西方人最崇尚的传统服装。

1.4.4 黄色

"黄色"一词所代表的文化内涵在汉语和英语中相差甚远。"黄色"在汉语中却被赋予了大量的含义，而且黄色还是中华民族的代表色。

中国自古以来就崇尚黄色，在《淮南子》《山海经》《太平御览》等文献中都记载了"女娲以黄土造人"的传说。这些用"黄土"造的人都是"黄皮肤"，也都是"黄帝"的子孙，其生长繁衍的摇篮是"黄河"，几千年来耕种的也是"黄土地"，等等，这些使中华民族自古以来就和黄色结下了不解之缘。古人认为，黄色是土地的颜色，代表永不变易的自然之色，代表了天德之美。"黄者，中和之色，自然之性，万古不易"[①]。"黄，中央土之正色"[②]，因而人们用黄色代表五行中的"土"和五方中的"中央"，黄色象征着万物生长的土地，代表了中央皇权和国家社稷，黄色于是有了神圣、尊贵、崇高和庄严的象征意义。从唐代初期开始，黄色（尤其是明黄色）便为历代皇室所专有，普通百姓是不敢随意染指的。如皇帝的龙袍叫"黄袍"，皇帝登基称"黄袍加身"。"黄钺"是以黄金为饰的斧，古代为帝王所专用，或特赐给专主征伐的重臣。朝廷殿试录取进士的公告榜，因为用黄纸书写录取者的大名而叫皇榜，这些都体现出皇权的威严和尊贵。

中国民间也崇尚黄色。《释名·释采帛》曰："黄，晄也，犹晄晄，像日光色也。"所以黄色又象征光明。比如把宜于办大事的日子称为"黄道吉日"，把官运亨通称作"飞黄腾达"。此外，像"黄灿灿""黄澄澄""黄金屋""黄金地段"这类词语，都反映出"黄"在中国人心目中非同寻常的地位。

相比之下，英语中的"黄色"则是一种令人生厌的颜色。如"yellow press（黄色报刊）""yellow journalism（黄色办报作风）""yellow back（廉价轰动一时的小说）"等表示低级趣味的报刊和毫无文学价值的书籍。"黄色"还表示卑鄙、胆怯、叛徒、奸淫、不健康等含义。如"yellow dog（卑鄙的人）""yellow streak（胆怯、卑鄙的行为）""yellow belly（胆小鬼）""yellow looks（阴沉多疑的性格）"等。

不过在现代中国，黄色也开始含有贬义。人们把色情冠之以"黄色"，如：把低级趣味的色情小说称为"黄色小说"，色情书籍称为"黄色书籍"，色情图片和影像称为"黄色图像"等。与之类似的词语还有"黄害""黄毒"等。政府部门甚至还设立了专门的"扫黄办公室"，为了防止网上黄毒蔓延，还专门开发了"防黄软件"等。这可能是中西文化交流融合的一种现象了。

---

① 出自班固等撰写的《白虎通义》（又称《白虎通》），这是东汉统合今古文经义的一部著作。

② 出自朱熹《诗集传》。

1.4.5　蓝色

在汉语中，"青"与"蓝"均等同于英语的"blue"。中国人认为"青"是一种庄严高雅的颜色，有"青出于蓝而胜于蓝""永垂青史""青史流芳""青云直上"等含有褒义或积极意义的表达方式。在中国文化中，蓝色给人深远宁静的感觉，清冷而脱俗，所以人们常把蓝色与恬淡、宁静以及天空、海洋联系在一起，以激发人们对未来的憧憬和无限的遐思。像"春来江水绿如蓝"[①]的诗句就给人以美的享受。但总起来看，汉语中"蓝色"的象征意义和文化内涵相对简单。

英国人对于蓝色的崇拜源于盎格鲁-撒克逊民族的岛国环境。由于英国四面环海，大海的蓝色便成为人们的崇拜对象，再进一步蓝色便有了与王室相关的解读，如"have blue blood"指的是拥有王室血统。另一说法是西班牙贵族的静脉较之其他肤色更显蓝色，所以蓝色便有了血统高贵的象征意义。[②]

在西方传说中，希望女神的原型就是一颗蓝色的钻石，在心理上宝石蓝会给人高贵的感觉。所以欧洲的贵族也被称为"蓝血"贵族。再加上过去英国上层社会的王公贵族时兴穿蓝色袜子参加各种夜总会，"蓝色"便衍化出"社会地位高""有权势""出身于贵族或王室家族"的含义。18世纪英国文学社的女成员们，常穿蓝色袜子，因此用"蓝色袜子"来借指有学问、有才华的妇女。"蓝色绶带"更是荣誉的象征，这源自英国最高荣誉嘉德勋章的蓝色绶带，因而它代表的是"荣誉、实力"，译为"blue-ribbon"（蓝绶带），意为最高荣誉。此外，由于美国颁发的冠军奖牌总是用蓝色绶带系着，亚军奖牌总是用红色绶带系着，因而"蓝绶带"又比喻为"一流的、最佳的"。如"blue-ribbon cars"就指一流汽车，早已打入中国市场的美国"blue-ribbon beer"虽被直译成"蓝带啤酒"，实际上其商标就是一条隐形广告，暗含其质量无与伦比。

在中国，蓝色的象征意义有：（1）表示依据。如"蓝本"，原指书籍

---

① 出自唐白居易《忆江南》。

② 公元9世纪，西班牙贵族试图从摩尔人的手里夺回伊比利亚半岛。在史学家罗伯特·莱西（Robert Lacey）的描述中，战前贵族会高举手臂，蓝色的静脉在白皙的皮肤上尤为显眼，他们以此表明自己血统纯正，未被深色皮肤的摩尔人污染。

正式付印前为校稿审订而印制的蓝色字体的初印本，后专指撰著、改编等所依据的底本、原稿。（2）表示希望、稳定、沉着、勇敢和素净。如中国传统戏曲中的蓝色脸谱表示坚毅和勇敢。在西方，由于蓝色有着勇气、冷静、理智、永不言弃及智慧的含义，所以许多国家警察的制服是蓝色的，救护车的灯也是蓝色的。另外，世界名校牛津大学的颜色是深蓝色，剑桥大学的颜色是浅蓝色。

对西方人来说，蓝色也意味着信仰。在基督教的象征符号体系里，蓝色是天堂之色；它是人与神的媒介，联结天堂与人间，因此也是虔信之色。

但在西方"蓝色"更多的是含有贬义或消极意义，表示情绪忧郁、沮丧。如"love is blue（爱是忧郁的）""blue Monday（闷闷不乐）""be blue about the gills（脸色发青）""lonesome and blue（寂寞寡欢）"等等。西方航海人所感受的蓝色是充满忧愁、沉闷的，因为在茫茫大海上举目四望，海天一色，舟船难行，自然是一片迷茫，导致情绪低落。所以英语中许多含有"blue"的词语都有这个意思。还有一段历史渊源，哥伦布发现美洲大陆后，许多非洲黑人被贩卖到美国的种植园里充当奴隶，被迫从事繁重的体力劳动。冗长的工作时间、恶劣的生活条件、艰苦的劳动让这些背井离乡、漂洋过海来的黑人格外思念家乡。他们经常一边劳动，一边哼唱一种叫作"blues"（蓝调）的歌曲，曲调非常低沉缓慢，充满忧伤，渐渐地，"blue"就演变出忧郁沮丧、闷闷不乐的意思。

此外，西方文化中的蓝色还与色情相联系。如"blue film（色情电影）""blue joke（色情笑话）"等等。

1.4.6 绿色

"绿色"在汉语中的文化内涵主要有：

（1）象征"青春、活力"。绿色为植物的生命之色，因此人们用绿色代表了生命、春天、希望、和平等。在古代汉语中往往以"青"代指绿色，如"青青河边草"指河边的绿草，"青春"指像绿意盎然的春天一般的年轻时期。"名垂青史"指在历史上留下好名声，"炉火纯青"比喻学问、技术或办事达到了驾轻就熟的地步。世界语也用绿色做标志，以表示它具有无限的生命力。

（2）象征环保、健康。随着污染的加剧，人们越来越意识到环境保护的重要性，于是绿色也经常用以表示环保之意。如"绿色革命"，一开始指的是为提高农作物产量而改进耕种方法的行为，所以在"自然、农业"这一意义的基础上，词义引申为了"环保行动"。人们把健康无污染的有机食品称为"绿色食品"。"绿色和平组织"则是指赞成环保的党派或团体。

（3）表示安全和承诺。和许多国家一样，在中国绿色意味着安全和承诺。邮箱和邮局的外观用绿色，邮递员制服和邮政车也用绿色；"绿色通道"则指为了方便残疾人通行而设置的无障碍通道。

（4）代表地位不高。在中国古代，品级低的官服都是绿色的。如唐代规定"三品以上服紫、四品服深绯、五品服浅绯、六品服深绿、七品服浅绿、八品服深青、九品服浅青、庶人服黄。"唐代诗人白居易的《忆微之》："分手各抛沧海畔，折腰俱老绿衫中。"这里的"绿衫"指的就是地位低下的官位。白居易《琵琶行》中的"座中泣下谁最多？江州司马青衫湿"，其中"青衫"也是代指地位低下的官员。

（5）代表低贱、落魄、不贞或坏名声。到了元明两代，"绿"逐渐由"地位卑微"下降到"下贱""名声不好"等含义。如古代妓院做工的男人按规定要戴绿色的帽子或头巾，以示其社会地位低下。后世俗称妻子有外遇的男人为"戴绿帽子"，但并非真正戴绿色的帽子。还有"青楼"代指妓院，而非绿色的楼宇。这种现象沿用至今，可见其影响的根深蒂固。

"绿色"在英语中的文化内涵主要有：

（1）代表"青春、活力"。这一点与汉语是一致的，如"a green old age"译为"老当益壮"，"to remain green forever"则指永葆生机与活力。

（2）"金钱、财富"的象征。在英语中"绿色"是最受欢迎的颜色之一，很多地方都用绿色装饰，甚至连美元钞票也是绿色的，因此这一颜色词往往与金钱、财富有关。如美国政坛中选举获胜的候选人通常都是因为有"green power"（财团）支持着他，由此还衍生出诸如"green back"（美钞）、"green power"（财团）等。在西方股票市场，绿色代表股价上升，而在中国股票市场则相反。主要是因为中国人喜欢红色，所以把红色设为上涨，把绿色设为下跌。但在西方传统中绿色代表安全，红色代表警戒，所以是绿涨红跌。

（3）有"批准"之意。因为在交通信号中绿色代表可行，所以"green light"（绿灯）在英语和汉语中都可指权威机构给予肯定或通过。

（4）代表嫉妒。英语"green-eyed""green with envy""green-eyed monsters"都是嫉妒的意思。莎士比亚的著名悲剧《奥赛罗》就把"green-eyed monsters（绿眼妖魔）"用作"妒忌"的同义词。

（5）表示不成熟、无经验、易受骗。如"as green as grass（幼稚、无生活经验）""a green hand（新手）""in the green（血气方刚）"等等。

1.4.7　颜色词文化内涵的教学方法探索

鉴于中外语言中颜色词的文化差异远比文化趋同突出，所以建议国际中文教师在教学方法上勇于探索，积累经验。这里提出两种教学方法以供参考。

（1）颜色词的文化内涵与课文内容相结合的主题教学

当某个单元涉及节日主题时，可以提到中国的春节及西方的圣诞节，那么"红包""red-letter day（重要纪念日）"等具有各自文化特点的与颜色有关的词语及表达，就被自然而然地引入进来。这种方法能在一定程度上减少跨文化交际的障碍。

（2）进行跨文化交际的角色扮演教学

在语言与文化相融合的教学过程中，角色扮演被认为是一种比较理想的教学方法，能有效地培养学生的跨文化交际能力。对于颜色词的教学也是如此，特定环境下的角色扮演能帮助学生更好地理解颜色词的文化差异，避免语言使用中的某些错误。有很多不同的场景都适用于角色扮演，如看病、购物、吃饭等。这些场景都可以与颜色词相结合，以购物场景为例，可以摆上各式各样的货品，让学生扮演买卖双方，要买什么东西，要什么颜色。同时注意提醒学生使用颜色词的方法，比如汉语中为什么不能直接说买"绿帽子"等。这种教学方式既带有教学的目的性，又与现实生活相结合，学生学起来记忆会更加深刻。

2 交际用语层面的文化差异与跨文化交际

来自不同文化背景的人在交际过程中很容易产生失误，这是因为不同文化的语用规则往往有较大差异。因此，只有深刻了解不同文化的语用规则，才能更好地进行跨文化交际。在影响语用规则的所有因素中，礼貌原则是至关重要的。由于礼貌是对别人尊重与友好的具体体现，所以讲究礼貌成了各种文化中的普遍现象。关于礼貌原则，国内外学者提出了不少理论模式和研究方法。西方以Leech的礼貌原则为代表，中国以顾曰国的礼貌原则最为典型。Leech的礼貌原则包括得体准则、慷慨准则、赞扬准则、谦虚准则、一致准则、同情准则，顾曰国的礼貌原则包括卑己尊人准则、称呼准则、文雅准则、求同准则，以及德、言、行准则。总起来看，二者说法虽有差异，但基本并行不悖。而这些礼貌原则最直接、最集中地体现在交际用语之中，其中包括"称呼语""招呼语""敬语""谦辞""禁忌语""委婉语""称赞语""致歉语""请求语"等。

2.1 称呼语

作为言语交际的先导语，称呼语是言语交际中使用最广泛、最频繁的词语。它就像一面镜子，折射出交际双方的角色身份、社会地位、亲疏关系和情感好恶等。世界上每个民族都有各自的称呼系统，包括亲属称呼系统和社会称呼系统。由于文化不同，各民族称呼系统之间或多或少都存在着差异。

2.1.1 中西方亲属称呼的差异

亲属称呼指的是以本人为中心来确定的亲族成员和本人关系的名称。与其他语言相比，汉语中的亲属称呼显得名目繁多、辈分分明、亲疏有别。比如：汉语中要区分血亲关系（如伯父、叔父、姑母、姨母）和姻亲关系（伯母、婶母、姑父、姨父），要区分宗族关系（如爷爷、侄儿、孙子）和非宗族关系（如外公、外甥、外孙），要区分父系（如叔叔、姑母、堂兄）和母系（如舅舅、姨母、表兄），还要区分长幼（如哥哥、姐姐、弟弟、妹妹），等等。

在英语中，亲属称呼则较为简单。英语的亲属称呼用13个名词（father、mother、son、daughter、brother、sister、uncle、aunt、nephew、niece、cousin、husband、wife）和几个修饰词（great、grand、step、half、first、second、in-law）就可以反映所有的辈分、同胞、血缘关系。例如：grand-parent（爷爷、外公、奶奶、外婆）、uncle（伯父、叔父、姨父、舅舅、姑父），aunt（姨母、伯母、姑妈、婶母、舅妈），cousin（堂兄/弟、堂姐/妹、表兄/弟、表姐/妹）。

汉语中的亲属称呼精细、具体、复杂，不仅纵向区分辈分，而且横向区分男女、尊卑、长幼，这与中国几千年来的"九族五服制"①及人们对于血缘关系的格外注重不无关系。中国人过去常常"四世同堂"甚至"五世同堂"，长幼有序，兄弟姐妹有别。为了明确区分辈分、地位的关系，界定各自的权利和义务，所以称呼也有高低辈分的严格区分。

英语中的亲属称呼属于类分式，简单、笼统、松散，这一现象也与美国的历史文化有关。美国是个移民国家，而且它的移民是以个体身份出现在美洲大陆的跨海迁徙者。他们的家庭结构简单，一般是由父母及子女组成核心家庭。因此，美国几乎不存在"三代同堂"为主要家庭模式的时期，更没有像中国那样几千年的宗法因素。所以，他们不需要太多的亲属称呼，更没有必要像汉语那样精细的划分。如英语的"uncle"可以同时代替汉语中的"叔叔""伯伯""舅舅""姨父""姑父"等称呼，同样，"aunt"一词也可对应汉语中的"婶婶""伯母""舅妈""姨妈""姑妈"。汉语里的"姐姐""妹妹""哥哥""弟弟"分得很清楚，而英语中的sister和brother，在没有上下文的情况下分不清到底谁大谁小。甚至连堂兄、堂弟、表兄、表弟、堂姐、堂妹、表姐、表妹这些在汉语中性别分明的词，也只有"cousin"一词笼而统之。这是由于西方人很早就脱离了家族制、宗法制的生存方式，

---

① 儒家关于宗法制度中家族亲属系统和丧服礼仪的主张。"五服"之说，见于《周礼·春官·小宗伯》《仪礼·丧服》和《礼记》的《丧服小记》《服问》《学记》。以斩衰、齐衰、大功、小功、缌麻五种丧服表示丧礼的等级，统称五服。"九族"一词，最早见于《尚书·尧典》："克明俊德，以亲九族。九族既睦，平章百姓。百姓昭明，协和万邦，黎民于变时雍。"

代之以非血缘的契约关系，亲属称呼就简单多了。

2.1.2　中西方社会称呼的差异

社会称呼语是相对于亲属称呼语在社交场合使用的称谓。比如姓名称呼、职衔称呼、拟亲属称呼、通用称呼等。

（1）姓名称呼差异

在汉语中，姓名称呼是不能随便使用的，尤其对祖先、长辈的名字更要回避。因为中国几千年来形成的伦理关系一直沿袭到今天，中国的晚辈仍然忌讳直呼长辈的名字。即使是同辈之间，也要看双方关系的远近来确定是否直呼其名。如果是师生关系，那么无论老师比自己小多少，都不能直呼大名。这种观念是西方文化中所没有的。另外，在熟人、朋友之间使用姓名称呼时，中国人还喜欢在对方的姓前或姓后冠一"老"字以表达出对年长者的尊重之情，因为"老"意味着有阅历、有经验、有学识。而在英语中"old"（老）却是一个敏感的字眼，是西方人的一大忌讳。

在西方国家，尤其是在美国，"人人生而平等"这一观念深深地扎根在人们的心中，因而不论地位尊卑、辈分高低、年龄长幼，美国人都喜欢直呼其名。这在中国人看来似乎显得不谙世事、没有教养，但西方人对此早已习以为常，反而觉得这样亲切、友好、融洽。人们在称呼上司、年长者、教授甚至父母时都直呼其名，倾向于用姓名来称呼所有的人，因为人们认为平等地对待每一个人，自己也会受到别人的尊重。

（2）职衔称呼差异

"职衔称呼"在汉语中远比在英语中应用广泛和频繁。中国人乐于以所任职衔来称呼其人，只要有职衔的基本上都可用作称呼语。在一个单位里，小到班长、科长，大到处长、厅长、部长，都可使用"姓+职衔"来称呼。当然，汉语中并非所有的职衔都可以这样称呼，诸如厨师、钳工、理发师、环卫工、锅炉工等，就不宜用来称呼人。因为汉语的职衔称呼是有选择性的，它一般只选择那些在大众心目中有地位的职衔，以示尊敬和礼貌。在中国人看来，职衔称呼是对对方成就的肯定，同时也表达了对对方的尊重，远比直呼其名更显得自然和得体。如果以姓名相称，则显得不礼貌、不懂事，甚至被认为犯了大忌。

汉语中的职衔称呼可单独使用，如"大夫""老师"等，也可与姓氏、身份结合使用，姓氏必须在前，如"李主任""张会计"等。另外，汉语在职衔称呼上还有一种特殊心态，即喜欢适当夸大，比如对方是"廖副校长"则称之为"廖校长"，"刘副院长"则称之为"刘院长"。

而在英语中，只有当对方有一定社会地位、出身贵族或是政府部门的高级官员、军界要员、宗教领袖、法官、医生、教授等时，人们才以"爵位+姓"或"头衔+姓"来称呼对方。这种松散的、小范围的称呼方式与中国的职衔称呼方式截然不同，因此很少听到"史密斯局长""杰克逊经理"之类的称呼。而且，英美人在职衔称呼上不喜欢夸大，一般都实事求是地以职衔称呼别人。

（3）拟亲属称呼差异

在社交称呼语方面，汉语中流行亲属称呼泛化的现象，即拟亲属称呼。拟亲属称呼大多直接沿用了亲属称呼，如"爷爷""大爷""叔叔"等，有的以亲属称呼为词根，冠以"老"字、"小"字或姓氏做词头，或缀以"子"字为词尾，如"老爷爷""老大娘""张大妈""老爷子""老嫂子"等。

拟亲属称呼是中国的传统习俗，源于中国传统文化中的"天下一家"的社会心理。在中国人看来，社会只是家庭的放大，所以使用亲属称呼作为一般的社交称呼是理所当然的。拟亲属称呼可以给人一种亲如家人的"亲切感"，缩小交际双方的距离，收到良好的交际效果。所谓"称兄道弟"，指的就是朋友、同事等非亲属关系的社会成员之间以兄弟相称，表示密切的关系。朋友、同事、同学、邻里之间乃至刚刚结识的人之间和互不相识者，都可以用拟亲属称呼打招呼。

英语中也存在类似的拟亲属称呼，只不过要比汉语简单得多。比如有时小孩子会对父母的密友称呼为"aunt（阿姨）"和"uncle（叔叔）"。但在成人之间，是绝对不能这样称呼的。

在西方社会里，只有在基督教徒中，才会有"兄弟""姐妹"这样的称呼。而在家庭里，即使是亲兄弟，更多的也是叫名字。这是因为，教徒们认为大家都是上帝的儿女，有灵魂亲缘关系，而"灵缘"关系比"血缘"关系更为神圣。

（4）通用称呼差异

在通用称呼语方面，汉英两种语言也存在差异。在汉语中，当今"先生""老师""美女""帅哥"在社交场合十分流行，而不管对方是否比自己大，是否是师生关系，以及是否美丽或帅气。相比之下，英语中通用称呼语的使用更为稳定和务实。比如"Mr."指成年男子，"Mrs."指已婚女子，"Miss"用于未婚或不确定其婚姻状况的女子，等等。还有"Madam"指"女士""夫人"，是对妇女的一种尊称，多用于服务业中对女顾客的称呼，以及"Sir"指"先生"，是对男士的一种尊称，多用于长者、上级或服务业中对男顾客的称呼。

2.2   招呼语

招呼语是交际双方在见面时为了表示友善所使用的打招呼性交际语言。作为言语交际的先导语，招呼语是否得到恰当的使用直接影响社交过程的开端。汉语招呼语分为称呼型、问候型、即景型、调侃型、零招呼语五种类型，下面和英语的招呼语做一些比较。

2.2.1   称呼型

在汉语中，称呼可以作为招呼语单独使用。比如，学生遇见王老师，喊一声"王老师！"就算是打招呼了。但是称呼型招呼语只有汉语才有，在英语中单纯的称呼是不能充当招呼语的，当对方被喊名字后，会停下来等下文，以为对方有事要说。

2.2.2   问候型

汉语中比较常用的问候型招呼语是"你好！""早上好！""晚上好！"等，但是这种招呼语是近代以来受到英语的影响才开始逐渐流行的。英语中的问候型招呼语有"Good morning"（早上好）、"Good afternoon"

（下午好）、"Good evening"（晚上好），以及"Hello""Hi"（喂）等。

2.2.3　即景型

这类招呼语在汉语中使用非常频繁，也是检验外国学生是否了解中国文化的一种有效方式。即景型招呼语需要根据交际对象所处的场景进行组织，形式灵活多样，可分为明知故说式和不知探询式两种类型。

（1）明知故说式。说话人已经看出或猜测出对方的行为和目的，但还是要以询问的形式打招呼。比如当看到同学拿着饭碗去食堂时会招呼说："吃饭去呀？"在吃饭时间路遇熟人会招呼说："吃了吗？"同事舍友外出买东西回到宿舍，会招呼说："回来了？"

（2）不知探询式。这种情况通常是不知道对方的行为，所以会以询问的方式打招呼，而对方并不需要交代清楚，只需大致应付一下即可。比如迎面看到朋友往外走，他会招呼："干吗去？"朋友可以模糊地回答："出去一下。"

汉语中这类即景型招呼语，通常只具有打招呼的功能，但很容易引起西方人的误解甚至反感。比如"吃了吗？"他们会误认为你要请他吃饭。在未婚青年男女之间使用"吃了吗？"则会被对方理解为幽会的暗示；"干吗去？"他们会误认为你在打探他的隐私。也有外国人抱怨中国人常常毫无意义地提出一些明知故问的问题。比如见人买菜时问"买菜呀？"，见人正朝电影院走去时问"看电影去呀？"。外国人听到这类问题后一般会觉得多此一问。

另外，中国人打招呼的对象通常都是熟人，没有事情一般是不会向陌生人打招呼的。而西方国家的人如果在路上遇见，即便是陌生人，有时也会简单地打个招呼，比如说一声"Hi"。

2.2.4　调侃型

调侃型招呼语，也称戏谑型招呼语，即采用一些调侃幽默的玩笑话当作招呼语，借此创造轻松幽默的交谈气氛。调侃型招呼语通常发生在关系极为密切并且不介意开玩笑的熟人和朋友之间，比较常用的调侃形式有："最近在哪儿发财呢？""哪阵风儿把你给吹来啦？""几天没见，又发福了啊！""这几天又没影了，哪儿疯去了？"。招呼者通过这种开玩笑的方式表现双方的亲密无间，回应者的应答则随意性比较大，既可同样用玩笑的形式回应，也可如实回答。这类招呼语必须使用得恰到好处，才能收到戏谑、诙谐的效果。这就要求使用时必须考虑到对方的心情，开的玩笑也要适度，使用的场合应该是非正式的。如果不注意使用条件而随便滥用，就可能会给对方造成情感的伤害，影响交际的顺利进行。

英语中也有调侃型招呼语，在使用这种招呼语时也会受到交际对象和其他因素的限制。但是由于中英文化的差异，英语国家的调侃型招呼语使用时限制条件要少得多。

2.3 敬语

中国是传统的礼仪之邦，中华民族向来就有尊老敬长的优良传统，体现在交际用语上就是敬语的大量使用。所谓敬语，是指用尊敬的词语来指称对方或与对方相关的人和事，借以表达说话人对对方的尊重。汉英两种语言的敬语存在着诸多差异，国际中文教师只有了解其表达方式的差异，才能在跨文化交际中更为得体、有效。

中国人称呼他人时，一般有两种方式：一般称呼和尊敬称呼，前者我们已经在"称呼语"部分做了介绍，这里着重说一下后者。尊敬称呼简称为"尊称"或"敬语"，其中有一部分只在古代盛行，今天已基本不用，比如："父"（亚父、仲父），"子"（孔子、老子、孟子、庄子），"夫子"（孔夫子、孟夫子），等等。一直沿用至今的尊称仍然十分丰富，比如：对老师称"恩师""师父""先生"等。中国人的尊称有一些专门的用词，如：

　　"贵"（贵宾、贵公子、贵姓）
　　"尊"（尊公、尊夫人、尊姓、尊容）
　　"令"（令尊、令堂、令郎、令爱）
　　"贤"（贤兄、贤弟、贤内助）

　　"高"（高寿、高龄、高就）

　　"仁"（仁人、仁兄、仁者）

　　"大"（大人、大驾、大作、大札、大员）

　　中国人对使用敬语的对象十分讲究，比如对平辈男子称"兄、尊兄、贵兄、仁兄、贤兄、长兄、兄长、师兄、恩兄"。有时并不严格区分年龄，讲究一些的对比自己年龄小的人也称"兄"。当然更多的是称"仁弟、贤弟、兄弟、吾弟"。称对方父母"令尊、令翁、令母、令堂"，称对方妻子"令妻、令正"，称对方兄弟姐妹"令兄、令弟、令姐、令妹"，称对方儿子"令子、令郎"，称对方女儿"令爱"。

　　以上敬语在英语中都没有与之对应的单词。

　　汉语中的代词称呼性敬语主要是第二人称代词"您"，现代英语中则是用"you"一词泛指第二人称及其复数。

　　在一些非常正式的场合中，英语中有相应的人称代词与一些特殊词语搭配表达尊敬的用法，如"My Lord""Your honor"等，但为数很少。

　　中国文化以老为尊，经验丰富、德高望重的老年人被尊称为"张老""李老"等；而在英美文化中，"老年"被认为是弱势、落后、无能的代名词，因而英美国家的老人都不愿意对方用"老"称呼自己。

　　英语中的通用尊称有"Mr."（先生）、"Miss"（小姐）、"Mrs."（夫人、太太）加姓，也有"Sir"（先生）、"Madam"（女士）等单用的称呼。与汉语的社会通用性敬语相比，英语在通用尊称的运用上没有特指对象，所指较为宽泛。例如对男体力劳动者，英语中一般使用"Mr.+姓"这种称呼，而汉语则称呼"师傅"。

　　总之，汉语敬语承载着中华民族悠久的历史、独特的文化传统、民族心理和社会规约，具有丰富的词汇系统。到了现代，虽然很多敬语已经被简化，甚至退出了历史舞台，但在使用范围和数量上，还是远远多于西方国家。国际中文教师只有深入了解这些差异，才能更好地进行跨文化交际。

2.4 谦辞

对人尊崇敬重，对己谦虚辞让，这是中华民族的传统美德。因此，在汉语中，谦辞和敬语是相辅相成、配合使用的。谦辞是表示谦虚的言辞，一般对己；敬语是含恭敬口吻的用语，一般对人。汉语的谦辞尤为丰富，例如：

（1）"家"字类："家父""家严""家母""家慈""家兄""家姐"等。

（2）"舍"字类："舍下"（家）、"舍弟"、"舍妹"、"舍侄"等。

（3）"小"字类："小弟""小可"（自称）、"小儿"（自己儿子）、"小女"（自己女儿）等。

（4）"老"字类："老朽"（老年男子自称）、"老身"（老年妇女自称）、"老衲"（老和尚自称）、"老尼"（老年尼姑自称）、老脸（老年人指自己的面子）、老粗（谦称自己没有文化）等。

（5）"愚"字类："愚兄"（向小于自己的人自称）、"愚见"（称自己的见解）等。

（6）"拙"字类："拙作、拙著"（称自己的著作）、"拙笔"（称自己的字画）、"拙见"（同"愚见"）等。

（7）"鄙/敝"字类："鄙人/敝人"（自称）、"鄙意、鄙见"（称自己的意见）、"敝姓"（称自己的姓）、"敝处"（称自己的房屋、处所）、"敝校"（称自己所在的学校）等。

（8）"薄"字类："薄技""薄酒""薄礼""薄面"等。

（9）"不"字类："不才""不敢当""不足挂齿""不情之请"等。

（10）"敢"字类："敢情""敢问""敢烦"（烦请）等。

（11）"寒"字类："寒舍"（称自己的家）、"寒门"（称自己出身低微）等。

（12）"过"字类："过誉""过奖""过夸"等。

汉语中的谦辞可谓不胜枚举。需要指出的是，在跨文化交际过程中，存在着西方人喜用称赞语（恭维话）、中国人喜用谦辞的文化现象，这是影响中西方交流的一个重要因素。

面对西方人的称赞，中国人常以自谦的方式回应，这或多或少会让西方人感到尴尬。姚亚平（1990）指出，中国人强调一种"您行，我差远了"的"水落石出"式的交往态度，既要抬高对方，又要贬抑自己；而西方人强调一种"您行，我也不差"的"水涨船高"式的交往态度，既尊重对方，又抱有自信。

汉英语言中的谦辞并不是孤立存在的，它们的形成与文化有着密切的联系。中西方由于在思维方式、价值观等方面的差异，不可避免地影响着人们的跨文化交际。

2.5　禁忌语和委婉语

禁忌语也称为语言避讳，最初源于"塔布"（taboo），意为"需要极端注意的事"。它包括两个主要方面的内容：一是对敬畏的人或物的不可触摸性；二是对自然现象和自然规律的不理解、心怀恐惧而避之的语言形式。禁忌语是社会习俗、文化传统、宗教礼仪、伦理道德等因素的反映，而委婉语则是在特定场合下更礼貌、更含蓄地表达某些敏感或禁忌所用的语言表达方式。

2.5.1　不同的神灵称谓禁忌

由于宗教信仰的原因，中国人和西方人都认为，如果对神灵直呼其名，神灵就会降灾于人类。因此在汉语中对神灵充满敬畏，会使用一些专门的词汇。例如：中国人称太阳神为"羲和"，水神为"河伯"，风神为"飞廉"，火神为"祝融"。

在信奉基督教的西方国家，上帝的名称"耶和华"便是最大的禁忌语，倘若提及，便是亵渎神灵。对于代表邪恶的魔鬼，人们则不敢说他的名字，因为英语中有一句俗话叫"speak of the devil and he's sure to appear"（一说魔鬼，魔鬼就会出现）。为了避免厄运，人们便创造了上千种的称呼来指代魔鬼。God（上帝）、heaven（天堂）、hell（地狱）等词语，只有在严肃的讲话中使用才是合适的。

2.5.2　不同的姓名禁忌

中国人对祖先和长辈都不能直呼其名，与长辈名字相同或者同音的字也应该避讳。比如宋代大文豪苏轼的祖父叫苏序，苏轼的父亲苏洵在写文章时便将"序"改为"引"，而苏轼在给人作序时，则将"序"改为"叙"。中国人在称呼家庭成员或亲戚时，应按照辈分称呼，如"外婆""爷爷""爸爸""妈妈""姨妈""叔叔"等。

英美人在姓名和称谓方面则比较随意，没有中国人那么多禁忌，有些人还非常乐意让儿孙沿用自己的名字，并且引以为荣。因此，英美家族中，往往会遇到男孩跟父亲或爷爷一个名字、女孩跟奶奶或外婆一个名字的情况，只是常常冠以"小"字而已。例如《哈利·波特》里的"伏地魔"汤姆·里德尔（Tom Riddle）的名字就跟父亲一样，为了区分，他被叫作"小汤姆·里德尔"。

2.5.3　不同的隐私禁忌

在中国文化中，关于隐私的话题并不怎么敏感。在日常交流中，中国人并不回避跟人交流私人话题，如年龄、收入、家庭状况等。即使初次见面，也经常会问"你今年多大了？""结婚了吗？""家里有几个孩子？"等问题。因为在中国人看来，这些表示关心的话题可以拉近人与人之间的距离。当然这并不意味着中国人一点儿也不回避隐私，所谓"家丑不可外扬"，"打人莫打脸，骂人莫揭短"，也体现了中国人在一定程度上对隐私的回避，只是不如西方人对隐私的重视程度。

西方人把个人隐私放在首位，对于他们来说，只要是个人的生活情况、个人问题，或者是不想对别人提及的事情，都可以归为个人隐私，别人是无权了解和提出疑问的。同时，探寻别人的隐私也会被认为是非常不礼貌的。与西方人交谈时要尽量避免谈及个人信息，如年龄、收入、体重、经历、家庭住址、婚姻状况、孩子、个人疾病、宗教信仰、政治倾向等，否则他们会认为你在打探他们的隐私。关于隐私方面的禁忌，西方人一般利用一些委婉的方式来表达。如果一个人经济上出了问题，则会说 "He's not very lucky."（他运气不太好），而不直接说 "He is facing financial difficulties."（他经济困难）。

东西方对待隐私的不同态度，容易导致跨文化交际中的失误甚至冲突。因此，在与西方人交流时，我们应尽量避免谈及隐私问题，以保证交际的顺利进行。

2.5.4　不同的衰老禁忌

衰老是人类不可避免的一个人生阶段，但是由于文化背景不同，东西方关于"老"的禁忌语也有很大不同。中华民族历来就有论资排辈、尊老爱幼的传统习惯。在中国，人们认为"老"是一种资格、身份和地位的象征，因而老人是受人尊敬的。人们常说"老将出马，一个顶俩""家有一老，如有一宝""姜还是老的辣"等。

在西方国家，"老"是一个很敏感的话题。在英美人的眼中，"老"代表着无用、过时，代表着该退休了。当不得不涉及这个话题的时候，人们会用 "experienced people"（经验丰富的人）、"elderly people"（上了年纪的人）、"retired people"（退休的人）、"senior citizens"（高等公民）等代替"老人"。"养老院"也被称为 "Adult Home"（成人之家）、"Nursing Home"（护理之家）、"Private Hospital"（私人医院）等。在西方直接以"old man"（老人）称呼对方是犯了大忌的，甚至做出一些让对方感觉自己年龄大了的行为，也会让对方不悦。如中国人在西方国家乘坐公共交通工具时，习惯性地给外国老人让座，会引起对方的不满。

2.5.5　不同的死亡禁忌

无论是东方文化还是西方文化，都对"死亡"怀有强烈的恐惧，不愿意提及"死亡"二字。据《汉语委婉语词典》，汉语中表示死亡的委婉语至少有400多条。英语中类似"死"的委婉语也有400余条。所不同的是，汉语中表示死亡的委婉语，与佛教和道教的影响有关，而英语中关于"死亡"的委婉语则与基督教有密切的联系。

汉语中关于"死亡"的委婉语，道家说"物化""升天"或"羽化飞仙"。佛家说"圆寂"或"涅槃"等。在世俗社会，口语常用"走了""不在了""离开人世""上西天""去西方极乐世界"等来代替"死亡"这一说法；书面语则有"仙逝""安息""驾鹤西游""作古""牺牲""捐躯""寿终正寝""英勇就义""与世长辞"等。

在以英语为母语的国家，语言交际中一般也不直接说"死亡"，而是委婉地说"pass away"（离开）、"go to heaven"（去天堂）、"fall asleep"（睡去了）、"being with God"（和上帝在一起）等。

至于汉英两种文化中的数字禁忌、颜色禁忌等等差异，前文已有涉及，这里就不详细介绍了。

2.5.6　有关"疾病"的委婉语

每个国家的人都有趋吉避凶的心理要求，因此有关疾病的词语就是一种忌讳。无论是东方还是西方国家，都会有相应的替代形式。如中国人用"身体不适"来代替生病，用"不治之症"来代替癌症，用"谢顶"来代替"秃头"等。在西方的以英语为母语的国家，"疾病"多用"trouble"（麻烦）来代替，而"艾滋病"则用"social diseases"（社会病）来取代。另外，还经常用缩写字母来代替疾病名称。比如"癌症"用"Big C"来婉称，"结核病"用"TB"代替，"性病"用"VD"表示，等等。在描述身体有缺陷的人时也同样委婉，比如英语中用"physiological defects"（有生理缺陷）来代替"disability"（残疾），用"visual impairment"来代替"blind"（瞎子），用"imperfect hearing"（听觉不完美）代替"deaf"（聋子），等等。

2.5.7　有关"社会生活"方面的委婉语

汉英两种文化在社会地位和职位方面的委婉语有很多是相通的。在汉语中，清扫马路的人被称为"环卫工"，在厨房做饭的人被称为"厨师"，等等。在以英语为母语的国家，不会直言"穷人"，而是用"unlucky（时运不佳）""low income（收入较低）""limited property（财产不多）"
来代替。同样的，也不用"backward country（落后国家）"的说法，而用
"developing country（发展中国家）"，这与汉语是一致的。英语中此类的
表达还很多，比如"保姆"被称为"homemaking assistant（家政助理）"，
"家庭妇女"被称为"internal affairs engineer（内务工程师）"。

不过，这类委婉语在汉语中相对较少，而英语中却十分丰富。比如"焚
尸工"被称为"expert in grief treatment（哀伤治疗专家）"，"擦皮鞋工
人"美称为"shoe maintenance engineer（鞋靴保养工程师）"，"机修工"
成了"automotive engineer（汽车工程师）"，等等。

2.5.8　有关"小"的委婉语

在中国，对"小"的委婉语几乎可以忽略不计，甚至还有很多对"小"
表示赞美意味的委婉语。比如中国古代对于美人的形容常常与"小"相伴，
文人墨客形容娇小女子为"小巧玲珑"，把小户人家的女孩说成"小家碧
玉"，而女子的纤腰也被称为"小蛮腰"。中国对于"小"的迎合还体现在
旧时女子的裹脚习俗上，将女子裹成的小脚称为"三寸金莲"。随着经济的
飞速发展，越来越多的中国人也过上了"小康生活"，买了"小洋房"。因
此，人们在说"小××"的时候，并不需要任何委婉语。

中国人对"小"的赞美，在以英语为母语的西方国家是很难让人接受
的，由此可以看出中西方审美情趣、风俗习惯的不同。西方人在各个领域都
会尽量避免使用"小"，尤其在商界，因此常常用"limited（有限制的）"
代替"小"。所以"小房间"成了"restricted room（有限制的房间）"，
"小型汽车"被说成"compact cars（精巧汽车）"，"微型车"被说成
""super-compact or compact cars（超精巧或袖珍汽车）"，等等。

了解委婉语，分析它所蕴含的文化内涵，有着重要的意义。通过分析汉
英委婉语的不同，有助于国际中文教师在教学时采用对比的方法，更为感性
和直观，达到顺利交际的目的。

2.6　称赞语

称赞语是人们对人或物表示赞美、欣赏、钦佩等感情所使用的话语。称赞是美好感情的传递，而受到赞美则是一件高兴的事。但是，在不同的国家，人们对称赞语的反应却有所不同，体现在汉语和英语中。

2.6.1　不同的称赞对象

在汉语文化中，我们常对上级的"能力和成就"进行称赞，目的是取得上级的好感；而对与自己地位相当的人赞扬，则是为了改善和拉近双方之间的关系。但在英语文化中，通常是地位较高的一方对地位不如自己的一方进行称赞。在美国英语中，几乎所有对能力与成就的称赞语都是社会地位高的人对社会地位低的人发出的。如上司称赞下属、老板称赞雇员、老师称赞学生、父母称赞子女等。

中国人在外人面前一般是以对方的家庭成员为恭维对象，更多的是夸奖对方的孩子聪明、可爱、漂亮、学习好，家长教子有方，等等。有时为感激主人的盛情款待，中国人也会恭维一下女主人，但仅限于"您妻子很能干，菜做得不错"之类。而在英语国家，称赞自己的家人却是司空见惯的事情，包括自己的配偶、父母及子女。人们常常听到美国妇女谈自己的丈夫工作如何努力，如何出色，得到嘉奖，等等。她也会夸奖自己的子女多么聪明，学习成绩多么好，在什么地方的音乐会演出过，等等。这在中国人听来未免觉得太炫耀了。因为在中国，关系越亲近，越不需要客套。家庭是中国人最亲密的圈子，过多的称赞反倒显得见外了。

2.6.2　不同的称赞话题

汉语中有大量关于外表的称赞语，但是对女性容貌的赞美多发生在同性之间的对话里，而异性之间，特别是陌生的异性之间则很少称赞外表。在中国，女性听了异性对自己容貌、身材、穿戴的称赞会感到害羞，甚至会认为对方不怀好意。中国的男性一般会避免直接恭维女性的外貌，以免发生误会。即使是熟人之间，男性称赞女性时也会比较含蓄，一般只是间接、笼统地说：“你今天气色不错。”

在西方，人们对女性外貌的称赞自由度很大，基本上不受年龄、地位、地点、场合和熟识程度的限制，对女性外貌的恭维是很自然、很普遍的，而且被认为是有教养的表现。例如西方男女之间说对方“你很性感”，这对听话人来说是一种恭维，不会被认为心怀不轨。这是因为，在西方人看来，相貌、打扮尤其是服饰和发式，都能体现被称赞者的修养。

对人外表的称赞在汉语和英语中的侧重点有所不同：汉语更注重天生丽质，欣赏浑然天成的美和内在持久的美；而英语则更侧重后天的修饰，如新做的发型或不同风格的化妆等。如中国人会说：“你的女朋友长得真漂亮！”这就突出了对方的美丽乃是“清水出芙蓉，天然去雕饰”①；而西方人则会说：“你的女朋友看起来很漂亮。”表示这是修饰后的成果。

过去中国人见面时会说“你发福了”“你最近胖了”以示恭维。如“心宽体胖”的意思就是生活无忧，身体才会发福，所以“体胖”被视为“富态”和有“官相”，“胖”与“福”是连在一起的。尽管随着生活水平的提高，人们对健康的审美标准有所改变，但这类话仍然有称赞对方生活优越的善意。而说对方“瘦了”也仍暗含着对对方健康状况的关切，因为在传统观念中“瘦”与疾病有关，是体质下降的征兆。但是在西方文化中，发胖代表体质的下降，说“你最近瘦多了”才算是恭维话。值得注意的是，受当今以瘦为美的思想影响，年轻女子听到有人说自己“瘦”，不论是在东方还是西方，都会感到高兴。

在中国，人们有“序齿”②的习惯，即按年龄大小排序。“年长”常常与“资深”“智慧”等联系在一起，于是“年长”也常常被当作称赞别人的话题。《红楼梦》第三十九回，贾母称赞刘姥姥：“这么大年纪，还这么健朗，比我大好几岁呢，我要这么大年纪，还不知怎么动不得呢？”再如陈残云的《山谷风烟》三十五章：“俗语说：人老成精！你是高坡村的老宝贝。”像这类称赞语，西方人是避之犹恐不及的。

另外，中国文化注重人的道德修养和内在品质，经常听到有人夸赞别人

---

① 出自唐李白的《经乱离后天恩流夜郎忆旧游书怀赠江夏韦太守良宰》。

② 《礼记·中庸》：“燕毛，所以序齿也。”孔颖达疏：“言祭末燕时，以毛发为次序，所以序年齿也。”

的性格。如："你脾气真好，对孩子这么有耐心！"在英语中是很难听到这类称赞语的。

2.6.3 对称赞语的不同应答方式

人们在应答称赞语时，实际上是要在寻求一致和保持谦虚之间做出选择。中国传统倾向于保持谦虚，一般会拒绝称赞语，把谦虚放到更重要的位置；而英语文化一般倾向于寻求一致，因此他们对别人的称赞语不是去否认，而是礼貌地接受。中国人对于称赞语的应答，不仅内容丰富，而且变化多样，但总体看来是以否定、推让、回赞的方式为主。

（1）否定式：中国人在受到别人称赞时，一般习惯于否定甚至自我贬低，以示谦虚。如：

A：小张，你的菜做得真好。
B：做得不好，还差得远，请多包涵。

（2）推让式：中国人在对方称赞自己时会比较谦虚，常常采用谦辞加以推让。如：

A：你是我们当中的佼佼者。
B：过奖过奖。

（3）回赞式：这种应答方式，既肯定了对方的评价，也赞扬了对方。如：

A：你这个提包很漂亮。
B：你的也不错，你的也很好看。

西方人对于称赞语的应答方式，主要有接受式、认同式、缓和式。

（1）接受式：只要称赞语不是明显的不合实际，西方人一般会接受并表示感谢。如：

A：你的衣服真漂亮！
B：谢谢！

有时还会在表示接受之外，表达自己听到称赞语时的愉快心情。如：

  A：你做的饭菜很好吃。

  B：谢谢，我很高兴你喜欢。

（2）认同式：如果称赞语明显与事实相符，西方人回答时常常明确地表示认同。如：

  A：你儿子钢琴弹得真好，都参加学校的表演了。

  B：谢谢！我们也为他感到自豪。

（3）缓和式：这种方式是以各种途径降低对方的称赞程度或转移对方的称赞目标。如：

  A：我获得了牛津大学的奖学金。

  B：这是大喜事啊！

  A：谢谢你！我很荣幸。

如果被称赞者觉得有愧于夸奖，便会把称赞目标转移到他人或别的事物上去。如：

  A：你昨天干得很棒！

  B：是吗？代我谢谢约翰，他帮了我很多。

有时也会以反问的形式要求对方给予解释，以确定对方是否真心称赞。如：

  A：你这件衣服我好喜欢！

  B：你也认为这件衣服很漂亮吗？

从上面的例子可以看出，汉英两种文化对称赞语的应答方式存在很大差异，汉语的应答方式难以为英语国家的人所接受，而英语的应答方式在中国人看来又显得不够谦虚。这种现象源自两种文化对合作原则和礼貌原则各有侧重。与这两个原则息息相关的称赞语及应答语，在各自的文化中表现出不同的特征。通过了解称赞语的文化差异，可以减少并避免跨文化交际时的误解、尴尬与困惑。

2.7 致歉语

在日常生活中，人们经常会无意间做了错事或冒犯了他人，这时首先要做的就是道歉，以取得对方的谅解。这种道歉首先是一种礼貌行为，其次更是维护和谐人际关系的重要一环，也是跨文化交际中的一个重要内容。不过，不同文化背景中的人对道歉有着不同的理解，也有不同的表达。如果对其处理不当，就会产生误解，甚至产生文化上的严重冲突。

中国人和西方人在道歉的使用场合与表达形式上既有相似之处，也有不同。由于中西文化的不同，无论是致歉语的使用频率，还是使用范围，西方人都高于中国人。中国人社会交往的原则是下级服从上级、晚辈服从长辈，等级观念较强，因此上级或年长者冒犯了下级或晚辈，他们一般无须道歉，或通过解释说明来弥补过失。

对西方人来讲，道歉却是生活中不可缺少的一项重要内容。不论冒犯了什么人，他们都会道歉，即使有时冒犯的程度微乎其微，他们也要说一声"对不起"。在西方社会中，由于"个人主义"至高无上[①]，不论是上级还是下级，只要冒犯了别人，就等于侵犯了别人的利益，应该道歉。所以在西方文化中，无论上下级之间，还是长辈与晚辈之间，道歉的频率都很高。

汉语中的致歉语有很多，常用的有"对不起""真对不起""失礼了""失陪了""失敬了""失迎""打扰了"等等。汉语中有些致歉语在英语中也能找到对应的形式。比如："Sorry for disturbing your rest."（影响您休息了，真对不起）、"I'm sorry for being late."（我来迟了，对不起）、"I'm sorry to trouble you."（给您添麻烦了）、"I'm really sorry for wasting your precious time."（浪费您许多宝贵时光，真对不起）、"I appreciate your generosity very much."（让您破费了，真不好意思）、"Excuse me for

---

① 何日生（2021）在《善经济：经济的利他思想与实践》中认为，西方资本主义经济机制起源于"个人主义"的至高无上，与"私利合法性"相互结合、相互强化。

being not thoughtful." （我做事欠周到，请多多包涵）、"I have got to go for an emergency." （我有急事先走，失陪了）、"I am on official business and cannot accompany you anymore. Please pardon me." （公务在身，不能陪您了，请多谅解）、"I apologize for the poor conditions and inadequate hospitality." （条件较差，招待不周，很抱歉）等等。

在西方生活过的人都对西方人彬彬有礼的致歉语印象深刻，诸如 "Please forgive me for bothering you." （请原谅麻烦您了）、"I'm sorry for taking up your time." （对不起，耽误您的时间了）、"I deeply apologize to you." （我向您深表歉意）、"I'm very sorry." （我非常抱歉）、"I apologize for everything I have done." （我为自己所做的一切道歉）等等。

在对道歉应答时，由于中国人重和谐，尽量避免冲突，所以通常表示对方不必道歉；西方人在感到自己的确被冒犯时就会接受道歉，只有在认为自己并没被冒犯时，才表示对方不必道歉。

致歉语是跨文化交际中非常重要的内容。对汉英不同文化背景下的致歉语差异的了解，有助于正确地进行跨文化交际，防止交际失误的发生。在国际中文教育中，国际中文教师可以结合汉英致歉语的差异进行中西文化的比较教学，以增强学生的跨文化交际能力。

2.8　请求语

"请求"是一种普遍存在于人类社会的交际行为，准确地辨别和运用请求语，对他人的请求做出正确而得体的回应是交际能力的一个重要方面。不过这也是语言学习者在跨文化交际中不容易把握的问题，因为在这方面存在着诸多文化差异。下面以汉英两种语言为例加以说明。

2.8.1　直接请求语的差异

直接请求方式是不加任何修饰，以明确的请求语直截了当地向对方发出请求。比如：

　　　　"你得还我书了。"

　　　　"把这个脏乱的地方收拾干净。"

　　直接请求是汉语中最常用的请求方式，赵玉静、于学勇（2018）统计其所占比例是59.7%。地位高者对地位低者、长者对幼者、家庭成员和朋友之间尤为常见。在汉语中，如果上司要求职员做某件事情，通常都采用直接请求方式，因为在中国，上司对职员的请求相当于要求或命令，所以通常不必考虑对方的反应。在家庭成员及亲朋好友之间，中国人也常常采用直接请求方式，这是因为交际双方关系密切，所以不必客套。比如：

　　妈妈对儿子说：

　　　　"水开了，去把水灌上。"

　　丈夫对妻子说：

　　　　"把外套递给我。"

　　同事之间：

　　　　"把刚才做好的报表发给我。"

　　朋友之间：

　　　　"明天别忘了把我的雨伞拿过来。"

　　主客之间：

　　　　"多吃点儿。" "再吃点儿。"

　　即便是陌生人之间也可用直接请求语，如乘客与出租车司机之间的对话：

　　　　"去哪儿？"

　　　　"机场。"

有的直接请求方式在表达完请求内容后会在句尾加上"行吗？""好吗？""怎么样？""可以吗？"等附加用语。比如：

"把你的复习材料借给我看看，行吗？"
"明天我们一起去交申请材料，怎么样？"
"给我换点儿零钱，可以吗？"

西方人则通常在请求他人做事时，采用礼貌原则。例如："你能给我那瓶果酱吗？"甚至在家庭成员之间也是如此。但是在汉语中，亲友之间的请求语缺乏内部修饰，显得直来直去。人们会直接说："把果酱递给我。"如果在关系极好的朋友之间，或者在家庭成员之间使用间接请求方式，反而显得矫情。比如同宿舍的好友去超市购物，另一位室友可能会说："我牙膏用完了，帮我带一支牙膏回来吧。"但如果改用非直接请求："能请您帮我带一支牙膏回来吗？"双方就有开玩笑的感觉了。

但这种直接请求的方式在西方人看来过于直白，并被认为是对对方的不敬，所以西方人极少使用。

英语的直接请求语中也不附加任何请求修饰语，多为需求陈述句和祈使句。需求陈述常用于工作环境中上级对下级的要求，下级应遵从上级所提出的请求。如：

"I hope this report can be completed before 9 o'clock tomorrow."（我希望明天9点之前这份报告可以完成。）

"Hand it in at ten o'clock, no matter how much is completed."（10点交上来，不管完成了多少。）

可以看出，上级只是直接陈述需要下级员工完成某项工作，较少附加成分。祈使句则多用于家庭中长辈对晚辈的请求或同辈之间的请求，并且常常用"请"以使对方更容易接受。比如：

妈妈对儿子说：

"If you want to spin dry, please put your clothes in the basket."（如果

你想要甩干的话，请把你的衣服放到篮子里吧。）

爸爸对女儿说：

"Please give me the salt next to you, Honey." （"请把你旁边的盐给我，宝贝。"）

妻子对丈夫说：

"After completing your work, please go home immediately. Tonight, we will have dinner with our neighbors." （完成你的工作后请马上回家，今晚我们和邻居们共进晚餐。）

交际双方完全处于平等状态，没有地位和等级的差别。这类祈使句与需求陈述的最大区别是：对方不承担任何责任和义务，在自己不情愿或是做不到的时候可以拒绝请求。

2.8.2　间接请求语的差异

汉语的间接请求语通常以使用情态动词"能""能不能""可以""可不可以"为标志或者运用礼貌标记语"请""麻烦""拜托"之类。比如：

"能不能谈一下你跟丈夫最近的生活？"
"咱们约法三章，你同意不同意？！"
"我能进来了吗？"
"我能不能明天再把名单交过来？"
"母亲说好久没见您了。您愿意一起谈谈吗？"
"您看我在这公司也待了几年了，工作干得也还可以，您能不能考虑适当提高我的待遇？"

汉语中有时候会加上请托语，常用的请托语有"劳驾""借光""有劳您""让您费心了"等等。

在汉语中还常用"陈述+附加问句"的形式，即陈述后加"好吗？""行吗？""可以吗？""你看如何？"等等表达。比如：

> "我们下午去逛街，好吗？"
> "师傅，帮我们拍个照行吗？"
> "我把东西放在你旁边可以吗？"

不过，就使用的频度而言，汉语中的间接请求语远没有英语的多，因为间接请求是英语中最受青睐的请求方式，主要是通过一些相对固定的形式委婉、间接地向对方提出自己的请求。这种固定形式比较典型的有：

> "Can you help me with it?"（你能帮我拿一下吗？）
> "Will you do as I say?"（你会按我说的做吗？）
> "How about seeing a film together at night?"（晚上一起看电影，怎么样？）
> "Do you mind if he's present?"（你会介意他在场吗？）
> "Why not throw it away?"（何不把它扔掉呢？）
> "Would you like to dance with me?"（你愿意和我跳舞吗？）

但是，中国人的间接请求有时也会引起西方人的误解。比如：

> "你今晚有空儿吗？"

这种间接的请求方式常常令西方人迷惑不解。在他们看来，晚上有没有空儿是我个人的事，与你有关吗？所以最好直接说：

> "今晚我能去见你吗？"

可见，不同国家的人提出请求时所选择的方式往往因文化差异而有所不同。

2.8.3 暗示性请求语的差异

暗示性请求在很大程度上依赖于语境，即对方需要通过具体的语境来推测请求者的言外之意，亦即我们所说的暗示。例如：甲借了乙的钱没还，她们一起去超市购物时，乙说："我没钱了。"这就是一个暗示性的请求，以这种方式来请求甲还钱。

汉语中的暗示性请求可分为强暗示与弱暗示两种，强暗示比弱暗示使用频繁，使对方能更容易地理解请求者的意思。比如：

> "不知道您考虑过这个职位的人选问题没有，我想我可以胜任。"
>
> "最近业务不错啊，员工们都希望能给点儿鼓励，至于怎么鼓励，老板您决定吧！"
>
> "妈，最近手头有点儿紧了，您能赞助下吗？"

弱暗示语意思模糊，对方经常误解请求者真实的意图。比如：

> 陈鲁豫："你的丈夫是个很包容你的人吧？"
> 张树新："应该讲是。"①

陈鲁豫本来是想让张树新谈一谈自己丈夫的情况，但张树新没有意识到陈鲁豫的真实意图，只回答了"应该讲是。"在这种情况下，陈鲁豫不得不从另一个角度重新去问张树新。

英语中这种请求语也有不少。比如A和B是住在一起的普通朋友。一天，B带朋友来玩儿并招待他们吃饭。A从外面回来，发现弄脏了的厨房没有打扫。为了请B打扫并顾及B的面子，A说：

> This kitchen is a bit messy. （这间厨房有点儿乱。）

这实际上就是一个暗示性的间接请求。A以这种方式请求B打扫厨房，既顾及了对方的面子，又达到了请求的目的。

2.8.4 对请求语回应的差异

对请求语的回应无非是两种，一是允诺，二是拒绝。前者没什么好说的，重点在后者。在拒绝请求方面，汉英两种文化有明显的差异。在英语

---

① 出自《鲁豫有约》的节目采访。张树新被称为"中国信息行业的开拓者"，1995年5月创建了瀛海威信息通信有限责任公司。

文化中，人们通常认为，对他人的请求如果自己力不能及，便直截了当地拒绝，这样做并不失礼，因此他们大多采用"道歉""陈述理由"或"语带保留"的方式加以拒绝。而在汉语文化中，人们通常会避免直截了当的拒绝，因为从态度上说，这样显得太过生硬，缺少人情味。因此在无法满足别人的请求时，中国人一般不会直接拒绝，而是闪烁其词地说"我想""我以为""也许""大概""让我们再考虑一下""再研究研究"等；或者接受但不给承诺，如"我尽力而为""我尽量试试看"；或者提供有利于对方的建议，如"你看这样是不是好一些……"；或者拐弯抹角地提及自己的困难让对方了解而不再坚持；或者干脆编造借口乃至善意的谎言；等等。

中国人较少拒绝家人，西方人较少拒绝朋友。而基于文化差异，中国人较委婉间接，西方人则一般直接回应，简洁明晰地加以拒绝。

实践证明，不同文化下不同的请求方式有时表达相同的请求，而不同文化下的相同请求方式有时表达截然相反的意思。这就提示我们请求方式的差异不仅仅是用不用"请"或"please"这么简单的，不同文化背景下请求语附加成分所表达的意义也不同。

3　语言交际风格层面的文化差异与跨文化交际

不同文化背景的人们在历史文化长期发展的过程中积淀和形成了各具特色的交际风格，这些交际风格影响着人们的日常交流。在进行跨文化交际时，对这些交际风格的准确把握对跨文化交际的顺利进行也至关重要。

3.1　委婉含蓄与直截了当

委婉含蓄的交际风格也称间接交际风格，表现为在交际中喜欢用言语信息掩饰自己的真实意图，曲折地表达自己的情感、愿望和要求；直截了当的交际风格则是毫不犹豫地表达自己的情感、愿望和要求。委婉含蓄与直截了当可以说是中西方文化在交际风格方面最显著的差异之一。

不同文化的交际风格会导致文化误读。王建军（2007）在《跨文化交际中东西方交际风格的差异》中提到一个案例：

西方一个商务代表团第一次来中国谈判，中国人出于礼貌自然要好好款待。安排好住宿后，前两天带客人去各个景点参观，一日三餐非常丰盛，晚上还安排去酒吧消遣。这一切充分展现了中国人的热情好客。后两天安排参观工厂，会谈多为介绍性的，并未进入正题。这当然也是中国人不喜欢单刀直入，想先营造良好的会谈气氛。然而，第三、四天的谈判却出现了意外分歧，合同未能签署，客人的回程班机是第五天早上的。于是客人认为是中国人设下了圈套，不直接进入实质问题的谈判，故意拖延谈判时间，慢条斯理地兜圈子。实际上，这正是谈判双方对对手的交际风格缺乏了解而产生的跨文化交际失误：中国人认为"礼多人不怪"，而西方人却认为"礼节太多即虚伪"。中国人喜欢委婉含蓄，着意营造和谐氛围，相信"功到自然成"；而西方人则偏爱单刀直入，他们认为直截了当地表达意味着能力，意味着诚实，而诚实才是最大的礼貌与尊重。

在跨文化交际中，中国人常常采用迂回手段，从侧面进行影射，给对方留有余地。即便话不投机也很少直接否定或拒绝，以给足对方"面子"，维持和谐融洽的人际关系。中国"面子"文化的生存土壤离不开中国式"人情关系"这一文化心理基础。这份人情表现在外部环境就是"面子"。而西方人常常开门见山，直抒胸臆，不太会掩饰内心的真实想法去迎合别人或顾全"面子"。

有经验的国际中文教师常常有这样的感受，在课堂上，东方国家（如日本、韩国、越南、新加坡等）的学生大多只听老师讲授，很少提问，更不敢接老师的话茬，即使有问题也留在课下问老师。否则会被认为对老师不礼貌，或不遵守课堂纪律。而西方国家的学生一旦有疑问就会马上提出，而且喜欢表达；发现错误还要与老师辩论，甚至争得面红耳赤，并不顾及老师的"面子"。西方国家的老师也不会介意学生不给"面子"，师生双方都不会感到不自在。究其原因，还是东方人看重"面子"，偏爱婉转表达；而西方人则重视自我，喜欢直抒胸臆。

3.2　出言谨慎与侃侃而谈

中国传统文化中儒家、道家和佛教禅宗都不提倡能说会道。孔子说："巧言令色，鲜矣仁。"[①]他还说："巧言乱德，小不忍则乱大谋。"[②]并认为君子应该"讷于言而敏于行"[③]。老子认为："知者不言，言者不知。"[④]佛教禅宗主张"自悟"，只有沉思苦想才能获得佛性。总之中国文化崇尚的是意会而非言传，用心而非用嘴，此时无声胜有声，强调事实胜于雄辩。中国孩子从小就被灌输"言多必失""祸从口出""沉默是金"，长大后的工作环境也鼓励"少说话，多干事"，话一多就有夸夸其谈之嫌。

而西方人的观念却是，有才的人不但能思考，而且还善于表现自己，强调用自己的言辞影响和说服对方以彰显个性。亚里士多德在《修辞学》[⑤]里指出，所有交流的基本目的就是"施加影响"。因此西方文化强调表达技巧和雄辩术。西方人重视沟通交流，有矛盾时一起讨论，当面找出症结所在，以理服人，从而化解矛盾、解决问题。当今西方的领导人竞选和议会选举大多仍保持着当众演讲、辩论的习惯，以便向受众展示真才实学。

正是由于东西方这种交际风格的差异，常常造成跨文化交际的误会。在王建军《跨文化交际中东西方交际风格的差异》一文中还提到一个案例：一位西方企业家谈到，有一次与日本人进行商务谈判，整个过程中都看到日本人一直微笑着点头，却很少说话，也没有提具体问题，对商务计划更是不置可否。起初西方人感到很不自在、很尴尬，后来以为日本人同意了全部计划。然而，日本人回国后发来传真，明确否定了计划。这令西方人万分不解，因为日本人自始至终没有提什么问题，总是点头微笑，怎么会否定计

---

① 出自《论语·学而》。
② 出自《论语·卫灵公》。
③ 出自《论语·里仁》。
④ 出自《老子·五十六章》。
⑤ 《修辞学》是亚里士多德现存最重要的文艺理论著作之一，也是欧洲文艺理论史上第一部系统的修辞学理论著作。在书中，亚里士多德界定了修辞的性质、定义和意义，总结了以往的修辞术发展历程和研究成果，分析了演讲可利用的情感、修辞术的题材、说服的方法，讨论了演讲的形式（风格与安排）。该书首创了科学的修辞学体系，对后世学习和研究西方修辞学具有重要的理论意义和学术价值。

划呢？按照西方人的理解，这本应该是一个结果圆满的商务谈判，但实际上他们并不了解东方人的交际风格。日本人不愿意当面发表反对意见，是怕破坏谈判气氛，伤了和气，以致影响以后的长期合作。回国后发传真，能够避免现场的尴尬局面，同时也以书面形式做出了正式回复。如果当时双方唇枪舌剑，反倒不符合东方人的交际风格。这位西方企业家则认为，日方应该当场提出问题，讲明自己的理由以便双方磋商，以理服人，并当面告知结果，日方那样的做法让他们难以接受。这显然是东西方不同的交际风格所造成的误会。

3.3　谦虚低调与自信张扬

东方人的谦虚低调与西方人的自信张扬可以说是跨文化交际中比较对立的两种交际风格。中国人自古以来就崇尚谦虚的美德，所谓"自满者，人损之；自谦者，人益之"[①]，在交际中也尽量保持低调、含蓄，而西方人却表现出很强的自信与自尊。

我们通过下面的两段话，可以清晰地看出中国学者的自谦与美国学者的自信。以下是关世杰（1995）在《跨文化交流学》前言中的一段话：

> 作者由于主客观条件，深感学力有限，书中自然有疏漏和缺点，热切希望读者不吝赐教，以待来日改正。但愿此书能作为引玉之砖，促进我国跨文化交流学的发展。

下面是自萨莫瓦尔（Samovar）等（2012）的《跨文化交际》（第7版）的前言：

> 当我们意识到我们以往的努力成功地保证了这一版的出版时，感到巨大的满足和愉快，这意味着在过去的三十八年里，我们关于跨文化交际重要性的看法显示出了优点，并拥有读者。我们也很兴奋，因为我们又一次能够把过去六个版本中的内容加以修订，我们确信能够把跨文化

---

① 出自唐魏征《群书治要》。

交际中的过去、现在和未来融合在这个新的版本中。

前者是中国国内较早出版、影响较大的一部专著，后者是西方跨文化交际方面的一部经典之作，两部专著的作者也都是跨文化交际领域的知名学者。值得注意的是，深谙跨文化交际之道的专家学者，在其跨文化交际专著中也体现了各自鲜明的交际风格。

3.4　含混模糊与清晰确切

东方文化以说"是"而闻名。对东方人来说，直接说"不"要困难得多，人们更愿意把拒绝变成模糊的话语。中国人在拒绝对方时，往往不直接说"不"，而是含糊其词：

> "这恐怕有点儿难。"
> "我得考虑考虑。"
> "我也很为难。"

在日本人那里，同样的拒绝行为可能是把头侧向一边，然后从齿缝里吸气，并说"似乎……有点儿难吧！"在商务谈判中，西方的生意伙伴明明已经多次听到"是"而高高兴兴地飞回家，等待进一步细化的协议，结果却收到拒绝的函电。事实上，日本人在谈判时连声说的"是"却是"不"的意思。在东方，尤其在日本，"是"意味着"是的，我在听""是的，你的想法我知道了""是的，我理解（但我不同意）"。"是"的功能相当于英语的"uh-huh"（嗯嗯）以鼓励对方继续讲。当然，"是"有时也意味着"我同意"。东方人会根据语境或进一步确认来甄别，但对于西方人来说，他们很难判断"是"究竟表示接受还是拒绝。

中国人在语言方面更注重内在的含义，在交往的过程中不愿意过多地透露自己的想法和意愿，希望别人能从自己给出的暗示中猜测自己的意思。即使在接受和拒绝别人的想法时，也不会像美国人一样说"YES or NO"，而是倾向于给出一些模棱两可的答案。如"随便""你决定啦""都可以啦"等等。

中国人习惯于模糊表达，通常使用"或许""可能""有点儿""大概""差不多"等词。汉语句子还可以没有主语，形散神不散，意义虽模糊，但意味深长。而西方文化则强调精确，人们常用"absolutely""definitely""indeed"（对应的汉语是"绝对/无疑""一定""确实"）等意义明确的词，句子结构完整，主谓宾齐全，时态和语态丰富，逻辑性强。中西方这种交际风格的差异，常会带来跨文化交际失误。

贾勤、舒蓓（2008）就提到这样的一个案例：Michael是在中国一所大学工作的经济学家，受某省政府的邀请指导该省经济政策的制定，他们就此事达成了口头协议。Michael很高兴有这样的工作机会，提出签书面合同。合同很快来了，条款很正规，还盖了公章，除了描述Michael的职责外，还规定他可以在合同期内每年带夫人免费到该省旅游。Michael很高兴，但觉得还欠缺类似旅游时间，交通工具等方面的具体细节，于是他给负责人打电话，问是否能有个更具体精确的合同。负责相关事务的政府官员却惊诧地说："怎么？合同还不够清楚吗？"

省政府官员认为合同里写上免费旅游就行了，不必描述相关细节，或者认为相关细节应根据具体情况而定。但是Michael却按照美国的交际习惯认为合同里应该非常明确具体地给出细节，从而出现了跨文化交际失误。

3.5 擅长归纳与精于演绎

著名物理学家杨振宁先生在北京召开的2004文化高峰论坛上做的有关《易经》对中国文化影响的演讲，在文化界、科技界引起了很大反响。他认为《易经》影响了中华文化的思维方式，而这个影响是近代科学没有在中国萌芽的重要原因之一。杨振宁先生还指出《易经》也是汉语成为单音节语言的原因之一，他认为《易经》还影响了中华文化的审美观念。杨振宁先生觉得中华传统文化的一大特色是有归纳法，但没有演绎法。归纳法的来源则是《易经》。"易者象也""圣人立象以尽意""取象比类""观物取象"是贯穿《易经》的精神，这些都是归纳法，是向上求整体"象"的方法。

欧几里得的几何学是人类历史上的一大贡献，第一次把演绎法规律化。

明末徐光启等翻译了欧几里得的《几何原本》，但这一翻译没有在中国产生应有的影响。徐光启翻译后，了解到演绎法的一个特点是"欲前后更置之不可得"，即一条一条的推论是不能颠倒次序的。这跟中国的传统思维方式不一样。中国的传统思维方式对说理的次序是不注意的，需要读者自己体会出最后的结论。因此，徐光启说："似至晦，实至明，似至繁，实至简，似至难，实至易。"

综上所述，东西方文化之间的跨文化交际越来越受到人们的关注。但只有树立起自己文化的主体意识，才能更好地与世界文化交流，进而培养跨文化交际意识，顺利地进行跨文化交际。

思考题

1. 举例说明中西方数字词基本含义的差异。

2. 中国人数字词的喜好和禁忌有哪些？

3. 西方人数字词的喜好和禁忌有哪些？

4. 为什么中国人对"九"特别看重，而西方人对"十三"极其忌讳？

5. 数字文化可以采用什么教学方法？

6. 举例说明在不同的文化中相同的植物词有着不同的文化内涵，不同的植物词有着相同的文化内涵。

7. 举例说明植物词中汉语文化内涵缺省现象和其他语种植物词的文化内涵缺省现象。

8. 汉英文化内涵基本相同的动物词主要有哪些？

9. 举例说明汉英文化内涵差异较大的动物词。

10. 举例说明英语动物词的文化内涵缺省现象。

11. 举例说明汉语动物词的文化内涵缺省现象。

12. 怎样提高动物词的教学质量，加强跨文化交际能力？

13. 试比较基本颜色词"红色""白色""黑色""黄色""蓝色""绿色"在汉英语言中文化内涵的异同。

14. 对颜色词的文化内涵应该采用什么样的教学方法？

15. 汉英两种语言的称呼语有哪些差异？

16. 汉语中的招呼语有哪些类型？与英语的招呼语有什么不同？

17. 汉语中的敬语有哪些？与英语有什么不同？

18. 谈谈中西谦辞的差异。

19. 中西方的禁忌语有哪些不同？

20. 汉英语言中的委婉语有什么不同？

21. 在汉语和英语中，称赞语的称赞对象、称赞话题、应答方式有什么不同？

22. 试比较中国人和西方人在致歉语上的异同。

23. 请求语大体上有几类？谈谈汉英请求语的异同。

24. 中国人委婉含蓄和西方人直截了当的交际风格为什么容易引起冲突？东方人出言谨慎和西方人侃侃而谈的交际风格各有什么文化背景？

25. 为什么说东方人的谦虚低调与西方人的自信张扬在跨文化交际中容易引起误会？

26. 为什么在交际风格上东方人含混模糊而西方人清晰确切？

27. 为什么说中国人擅长归纳，西方人精于演绎？

第4章 非语言层面的跨文化交际

人际间的交流是通过两种形式进行的，一是通过语言行为，二是通过非语言行为，非语言交际通常与语言交际结合进行，因此也是极其重要的交际形式。语言学家戴维·阿伯克龙比（David Abercrombie）指出，我们用发音器官说话，但我们用整个身体交谈（We speak with pronunciation organ, but we talked with the whole body）。非语言交际包括语言交际之外的一切由人类和环境所产生的刺激，这些刺激对于信息发出者和接收者都具有潜在的信息价值或意义。在国际中文教育领域，非语言交际的重要性是不言而喻的。

1 关于非语言交际

1.1 非语言交际的定义

我们知道，跨文化交际一般应该包括四个方面：感知、语言交际、非语言交际和交际语境。马明、马亮（2009）指出，在面对面的交际中，信息的社交内容只有35%左右是语言行为，其他都是通过非语言行为传递的；而在表达感情和态度时，语言只占交际行为的7%，而声调和面部表情所传递的信息却高达93%。由此可见，非语言交际是整个跨文化交际过程中不可或缺的组成部分。

那么，什么是非语言交际呢？胡文仲（1999）认为"一切不使用语言进行的交际活动统称为非语言交际"；Ting-Toomey（1999）的定义为"通过多种交际渠道进行有意和无意的编码与解码的非语言行为"；Samovar et al（2010）认为"非语言交际涉及所有在一种交际情景中发出者自己生成的以及他（她）对环境利用形成的非语言刺激。这些刺激对发出者或接受者具有潜在的信息价值"。上述三种说法措辞虽有不同，但意思基本相同。其实，所谓非语言交际，简言之就是除语言交际之外的所有交际行为。

1.2 非语言交际的类型

非语言交际方式种类繁多，有不同的分类方法，而且各子系统常常出现相互交叉或包容现象。我们这里选择与跨文化交际关系比较密切的一种分类法，将其分为四类：

1.2.1 体态语

体态语是非语言交际中最重要的行为，指的是传递交际信息的表情和动作，又称体语、身势语、身体语言等。包括姿态、身势、握手、亲吻、拥抱、微笑、身体接触、礼节性动作，以及身体其他部位的动作所提供的交际信息。

1.2.2 副语言

副语言又称为伴随语言，它指的是伴随着语言而发出的没有固定语义的声音。包括沉默时的出声，话语的音高、音长、停顿、语调、语气、语速、话轮转换等各种非语义声音。

1.2.3 客体语

客体语包括交际者的相貌、服装、首饰、化妆品、身体散发的气味、文身、笔迹，加上手表、眼镜、名片和手提包等个人日常用品，还有家具、车辆等提供的交际信息。

1.2.4 环境语

环境语包括时间信息（如交际者对预约、计划、准时、期限等问题的处理方式）、空间信息（如拥挤程度、人体距离、个人空间、空间取向、座位排列、家具布置）、建筑设计与室内装修、声音、灯光、颜色、标识等等。

1.3　非语言交际的作用

在很多情况下，语言交际和非语言交际是相辅相成的，非语言交际对语言交际的支援作用十分明显，甚至有时会"喧宾夺主"。它在交际中的作用主要有以下几点：

1.3.1　传达真实心情的作用

人们常常通过表情和动作来传达自己的感情和精神状态，也可利用对方的非语言行为判断其真实的意图或动机。如果我们看到一个人紧握拳头，表情严肃，不用说就知道这个人很不高兴。如果我们听到某个人声音发颤，看见他的手在发抖，无论他嘴上说什么，我们都可以推测这个人很害怕，或者充满惊奇。人的真实心情（如害怕、高兴、生气、伤心等）在其姿态、表情、眼神中都能反映出来。

比如，当某人口头上说他并不在乎，却在身后狠狠地关上门；当某人声称他不紧张，却大汗淋漓。此时，语言和非语言信息实际上是相互矛盾的，别人到底该信哪一个呢？当语言信息和非语言信息相互矛盾时，人们更愿意相信非语言信息而不是语言信息。尤其是当人们说话带有讽刺语气时，语言和非语言信息的矛盾就更加显著。例如：当一个人鼻子里"哼"了一声后用讽刺的语气说："干得好哇！"那么，不管这句话在字面上看来是多么的肯定，它实际上还是否定的。

1.3.2　重复作用

人们经常使用非语言信息来重复语言想要表达的观点，比如一边喊"暂停"，一边用一只手顶住另一只手的姿势来强调暂停；在回答问路者"新的图书馆在这幢楼南面"的同时，还会用手指向那个特定的方向；当老师对学生说"安静点"的同时，把手指指向自己的嘴唇；当你在麦当劳买两个汉堡包时，很可能会在说出要买两个汉堡包的同时，又伸出两个手指表示数字2。此时非语言信息和语言信息是重复的，使对方更加明白所表达的意思。

1.3.3 补充作用

非语言行为可以对语言行为起到修饰和补充的作用。比如学生在课堂上很好地回答了老师提出的问题，老师在说"很好"的同时，还流露出满意的笑容，这种欣慰的表情就是在补充老师想要表达的赞许之意。

1.3.4 否定作用

非语言行为所传达的意思有时会与语言行为完全相反，形成否定关系。比如一个男孩低声告诉妈妈，不是他打碎的花瓶，但他低着头不敢看妈妈的眼睛，这说明非语言信息与语言信息是相互矛盾的。就像西格蒙德·弗洛伊德（Sigmund Freud）说的："即使他缄口不言，他的指尖也会说话，他的每个毛孔都会渗透出背叛他的信息。"[①]

1.3.5 替代作用

在交际过程中，有很多信息是不需要说出来的，非语言行为有时可以完全替代语言行为。比如横眉怒目表示生气，和颜悦色表示善意，等等。再比如老师批评学生时，学生一句话也不说，却满脸的不服气，还时不时斜视老师，老师也就知道学生的态度了。

1.3.6 强调作用

非语言信息可以强调语言信息的某些部分。比如说话前的停顿会使下面的话显得更加重要，用比平常更大的声音说话会强调语言信息的重要性；相反，如果比平常说话快、声音低，会使人觉得这一语言信息并不重要。有人说"我们一定要打一场漂亮的攻坚战！"时，身体向前倾，还举起拳头，就更强调了其态度的坚决。

1.3.7 调节作用

在进行言语交际时，人们常常以眼神、手势，头部动作或停顿来暗示自

---

① 出自西格蒙德·弗洛伊德的《精神分析引论》，首次出版于 1917 年。

己要讲话、已讲完或不让人打断自己的讲话。这些非语言行为可以有效地调节言语行为的节奏。

2　体态语的文化差异与跨文化交际

体态语是人类交际中常见的一种非语言交际手段，包括传递交际信息的各种表情和动作，研究基本体态语言各自的功能，可以充分了解中外文化的差异，有助于提高跨文化交际的能力。

2.1　面部表情

英国科学家达尔文（Charles Robert Darwin）说过："面部与身体的富于表达力的动作极有助于发挥语言的力量。"[①]法国作家罗曼·罗兰（Romain Rolland）也曾说过："面部表情是多少世纪培养成功的语言，是比嘴里讲的更复杂千百倍的语言。"[②]在非语言交际活动中，通过面部表情传递信息是普遍被人们接受的一种交际方式。它能真实地反映人们的思想、情感、心理活动及其变化。心理学家艾伯特·梅拉贝恩（Albert Mehrabian）认为，信息的总效果7%来自文字，38%来自音调，55%来自面部表情。[③]我们通常认为西方人面部表情十分丰富，而西方人则认为中国人喜怒哀乐不形于色，高深莫测。受到赞扬时，中国人出于谦虚会表现出"否认""不接受"的表情；而英语国家的人受到称赞时，一般是报以微笑，接受称赞并说"thank you"。

面部表情在不同文化里是不同的，不同文化表达感情的方式和程度也存在着差异。微笑是人们常见的一种表情，但在不同文化中有不同的内涵。如美国人的微笑很明显是表达快乐、友好或对事物的肯定，而在中国古典小说《红楼梦》里林黛玉的笑则是掩口一笑。在法国，人们不会无缘无故地微

---

① 李元授，白丁. 口才训练（第三版）[M]. 武汉：华中科技大学出版社，2016.

② 蒋亮平，李家芸. 交往的名片——企业公关艺术[M].北京：北京广播学院出版社，1991.

③ 唐媛.访谈节目的同传技巧[M].长春：吉林文史出版社，2017.

笑[1]；俄罗斯人认为在公共场合向陌生人微笑是可疑的，因为俄语中有这样的谚语"无缘无故的笑是愚蠢的"。在日本，如果一个女人的丈夫去世了，在公众面前她也会始终保持微笑，这样做无非是为了掩饰内心的痛苦。而大部分国家的女人遇到这种情况一定是悲痛万分的。这些差异都是由不同的文化所决定的。

大多数人把微笑作为打开友谊之门的钥匙，然而，在跨文化交际中这把钥匙有时也会失灵。有一位常驻北京的英国人谈到他的中国厨师时曾说："他是一个很好的厨师，但我不明白，为什么有一次他摔碎了我成套餐具中的一个盘子后却还向我笑！"[2]英国人在受到批评或听人提意见时面部表情是严肃的，他们绝不会笑。而对中国人来说此时的笑绝非对人轻视或不以为然，而是一种表示歉意的方式。同样的例子，在餐厅里，一位外国客人一不留神摔了一个碟子，他本来就感到很窘，而在场的中国人善意的微笑更让他尴尬不已。其实，中国人的这类微笑可以代表多层含义："没关系""一笑了之""别当回事儿"等等。这本是一种好意，但对不了解这种文化差异的人来说，这类微笑反而会使他们感到不快。

毫无疑问，借助和利用面部表情可以更好地表达和传递自己的思想感情。但是，同样的面部表情在不同的国家可能会有不同的文化内涵。比如：对北美人来说，眨眼的意思可以是"我是开玩笑的"。对于亚洲人，包括中国人和印度人，眨眼被认为是不礼貌的。[3]在贵客到来时，中国人是笑脸相迎的；而美国的印第安人却以大哭的方式来迎接客人的到来。在中国文化中咂嘴表示有滋有味，在美国文化中却表示没滋味。还有一个"伸舌头"的面部动作，当自己的言行不合适而感到不好意思时，中国人常常伸伸舌头，同时脖子一缩，此动作多见于儿童和年轻姑娘。英美人难为情时却绝不伸舌头，他们认为那是一种粗鲁的表现。

---

① 1703年，法国教士、教育家、改革家、天主教组织喇沙会的创办者圣若翰·喇沙（St. Jean-Baptiste de la Salle）在其著作《基督教徒礼仪修养规范》中有言："有些人的上唇抬得太高，下唇沉得太厉害，以至于他们的牙齿展露无遗。这有悖于礼仪规范。礼仪规范要求人们不能露出牙齿，这是自然赋予我们嘴唇的全部原因：把牙盖住。"

② 案例出自西北师范大学任红霞的论文《跨文化交际中的肢体语言及文化禁忌》。

③ 黄永红，申民，周萍.跨文化符号学研究[M].哈尔滨：黑龙江大学出版社，2013.

威廉·莎士比亚（William Shakespeare）说过："一个人讲话时的眼神，面部表情，嘴唇的位置都代表着他的内心语言。"[1]我们从不同文化背景的人们脸上读到的内容可能完全不同。因此，在跨文化交际中应注意这类问题，以避免引起不必要的麻烦。

2.2　目光交流

俗话说："眼睛是心灵的窗户。"汉语词典里也有"眉目传情""暗送秋波"等词语。实践证明，在传递细微的情感方面，目光语能起到其他言语行为和非言语行为所起不到的作用。正是由于目光语所表达的内容丰富而又微妙，所以它受文化的影响也就更深。人类的目视行为规则十分复杂，比如看不看对方，什么时候看，看多久，什么人可以看，什么人不可以看，这些都会因文化的不同而表现各异。

中国人在交谈过程中，为了向对方表示礼貌和尊敬，一般避免盯着对方的眼睛。例如：当中国学生上课时，他们虽然会看着老师，但一旦与老师目光相遇，便会立刻回避。这是因为在中国长时间盯着别人会被认为不尊重对方，尤其是一个下属盯着上司，上司会认为直接的眼神接触是对他权威的挑战，甚至是一种对抗。

在同为东方文化的日本文化中，人们也认为听对方说话时直视对方的眼睛是不礼貌的，恰当的方式是听的时候垂下自己的眼帘，以示尊重对方。

而英语国家的人则认为目光交流是对对方的尊重，同时也可以表现出自己的诚意。在他们看来，说话的人和听话的人都应注视对方，不敢正视他人会被认为心虚、害怕、轻视或缺乏诚意，故而英语中有谚语："Don't believe people who can't face you with their eyes."（不要相信不能用目光正视你的人。）

在阿拉伯国家，人们告诫其同胞"永远不要和不敢正视你眼睛的人做生意"。两个阿拉伯人在一起交流时会用非常热情的目光凝视对方。在美国，如果应聘时忘记看着主考官的眼睛的话，那就别想找到一份好工作。加拿大

---

① 刘娣.体态语在跨文化交际中的意义与差异[J].时代教育，2009（1）.

人、澳大利亚人和很多其他西方国家的人认为，目光的直接接触所传递的是一种诚实和坦率的信息，因而在人际交往过程中，与对方保持目光接触是十分必要的。有教养的英国男子认为直接凝视与之交往的人的眼睛是一种绅士风度，而瑞典人在交谈时用目光相互打量的次数更是多于英国人。法国人则特别欣赏一种鉴赏似的注视，因为它传达了一种非语言信号：虽然我不认识你，但我从心里欣赏你的美。法国男子在公共场合对女士的凝视是人们公认的一种文化准则。

交谈双方正视对方虽然是西方人的习惯，但他们也讨厌那种目不转睛的凝视，因为在他们看来这是一种非常粗鲁的行为，好像他们是"物"而不是人，即把他们"非人格化"了。当中国刚刚打开国门迎来少数西方游客时，这些西方人发现当地中国人盯着他们看，这就会被他们认为是一种冒犯。其实看的人只是好奇而已。

从莎士比亚"仿佛他眼睛里锁藏着整个灵魂"[①]，到摇滚乐的"不要说，你的眼睛已经告诉了我"[②]，都说明目光交流在人际交往中的重要功能。在跨文化交际时，我们应恰如其分并巧妙地运用眼神，与有声语言相协调。这一点对国际中文教师来说，无疑是一项基本功。

2.3 手势

由手势构成的形体语言是人类语言体系的一个重要组成部分，它能很好地表达人们的思想感情，有时甚至比语言更加有效。但是，在不同文化之间或同一文化的不同群体之间，手势却有着巨大的文化差异。在跨文化交际中，如果不了解其他文化中手势语言的文化内涵，就可能会产生始料不及的后果。

1990年7月，在孟加拉国新一届议会召开期间，孟加拉民族主义政党的议员领袖巴德鲁多扎·乔德呼利无比愤慨地谴责航运部长阿布杜·罗布做出

---

① 出自莎士比亚《爱的徒劳》第二幕。

② 出自歌曲《请跟我来》。

的一个手势，认为"这不仅是对议会的侮辱，更是对整个国家的侮辱"。[①]
那么罗布究竟做了什么手势呢？据说他涉嫌做出了"竖起大拇指"的手势。
在美国，这个手势意味着"进展顺利"；在中国，很多人用这一手势表示夸
奖和赞许；但是，在孟加拉国它却是对人的一种侮辱。在德国这个手势指的
是数字。但对希腊人和土耳其人来说，这个手势代表的则是其他（低俗）的
含义。[②]

　　拇指尖和食指尖对接构成圆形，其余三指自然伸出的
手势，在中国表示数目"0"或"3"。在日本、韩国、缅甸
代表"钱"。在菲律宾表示"想得到钱"。在印度尼西亚表
示"一无所有""一事无成"或"啥也干不了"。在美国一
般表示"OK""完全可以，好极了！"。但在很多拉丁美
洲国家这种手势却是一种下流的动作。当年理查德·米尔豪
斯·尼克松（Richard Milhous Nixon）担任美国副总统期间，

图 4-1

曾经用双手同时做出这种手势向拉美国家的人们致意，结果惹下了大麻烦！
在法国和比利时，这个手势代表着"零"或"一文不值"的意思。《身势
语：可行与禁忌的身体语言》（*Gestures: Do's and Taboos of Body Language
Around the world*）的作者美国作家罗杰·阿克斯特尔（Roger E. Axtell）出访
法国，旅馆接待员问他："你对房间满意吗？"他对接待员做了一个"好极
了"的OK手势，这个接待员却带着愤怒的表情耸了耸肩说："如果你不喜欢
它，我们就给你换一个房间。"在巴西、希腊、突尼斯，这是一种令人厌恶
的污秽手势；在马耳他，则是一句恶毒的骂人话；而在荷兰，却表示"正在
顺利进行""微妙"。

　　在欧洲绝大多数国家，人们在日常交往中常常伸出右手的食指和中指，
比画做"V"形表示"胜利"。因为"V"是英语单词Victory（胜利）的第
一个字母。据说，"V"字形手势是第二次世界大战期间由一位名叫维克
多·德拉维利（Victor de Laveleye）的比利时人发明的。他在1940年底的一
次广播讲话中，号召同胞们奋起抵抗德国侵略者，并动员人们到处写"V"

---

① 彭聃龄. 普通心理学（第4版）[M]. 北京：北京师范大学出版社，2012.
② Ronald B A. et al. 沟通的本质[M]. 黄素菲，黄成瑷，译. 郑州：河南文艺出版社，2022.

字，以表示胜利的信心。从此"V"字手势不胫而走。尤其是当时英国首相斯宾塞·丘吉尔（Spencer Churchill）在一次游行检阅中使用了这一"V"形手势，使这个手势迅速、广泛地流传开来。不过，做这一手势时务必记住把手心朝外，在英国尤其要注意这一点，因为在欧洲大多数国家及澳大利亚、南非等地，做手背朝外、手心朝内的"V"形手势，意味着奚落或嘲笑对方，或者带有侮辱性的"滚开"的意思，在英国则指伤风败俗之事。在中国，"V"形手势还表示数目"2""第二"或"剪刀"。在非洲国家，"V"形手势一般表示两件事或两个东西。

由大拇指和食指分开做成"八"字形手势，在中国表示数字"8"，而在英美两国则是"2"的意思。这些都是中西方手势的意义差别。

在不同的国家，接礼物的方式差别也很大。比如在中国、日本和越南，必须用两只手接过礼物来表达感谢。但在伊斯兰国家则只能用右手接过礼物，因为按照传统，左手是在清洁个人卫生时用的。

有相当多的国家和地区都使用向下伸大拇指这一手势，但文化含义不尽相同。在英国、美国、菲律宾，大拇指朝下含有"不能接受""不同意""结束"之意，或表示"对方输了"；墨西哥人、法国人则用这一手势来表示"没用""死了"或"运气差"；在泰国、缅甸、菲律宾、马来西亚、印度尼西亚，拇指向下表示"失败"；在澳大利亚，使用这一手势表示讥笑和嘲讽；在突尼斯，向下伸出大拇指表示"倒水"或"停止"。

中国人向上伸食指，表示数目，可以指"一"，也可指"一十""一百""一千"这样的整数；在日本、韩国、菲律宾、斯里兰卡、印度尼西亚、沙特阿拉伯、墨西哥等国，食指向上表示只有一个（次）的意思；在美国，让对方稍等时，要使用这个手势；在法国，学生在课堂上向上伸出食指，老师才会让他回答问题；在新加坡，谈话时伸出食指，表示所谈的事最重要；在缅甸，请求别人帮忙或拜托某人做某事时，都要使用这一手势；在澳大利亚的酒吧、饭店向上伸出食指，表示"请来一杯啤酒"；在墨西哥、日本、马来西亚，这一手势表示顺序上的第一；在中东，用食指指东西是不礼貌的。

　　两千多年来罗马人一直称中指为"轻浮的手指"。事实上，单独伸出中指的手势在世界绝大多数国家都意味着不怀好意，普遍用来表示"不赞同""不满"或"诅咒"之意。在美国、澳大利亚、突尼斯，这种手势意味着"搞那种关系"，表示侮辱；在法国，表示行为下流龌龊；在沙特阿拉伯，表示行为恶劣；在新加坡，表示侮辱性行为；在菲律宾，表示诅咒、愤怒、憎恨和轻蔑；在中国，表示对方"胡扯"或对对方的侮辱。

　　在中国，向上伸小指这一手势表示"小""微不足道""最差""最末一名""倒数第一"，并且引申为"轻蔑"；在日本，表示"女人""女孩""恋人"；在韩国，表示"妻子""女朋友"；在菲律宾，表示"小个子""年少者""无足轻重之人"；在美国，表示"懦弱的男人"；尼日利亚人伸出小手指，含"打赌"之意。在缅甸和印度，这一手势表示"想去厕所"。

　　伸出弯曲的食指是英美人惯常用的手势，表示招呼某人过来。这个手势在中国表示数字"9"。在缅甸表示"5"。在斯里兰卡表示"一半"。在墨西哥表示"钱"或"询问价格"。在日本表示"小偷"或"偷窃行为"。[①]在韩国表示"有错""度量小"。在印度尼西亚表示"心肠坏""吝啬"。在泰国、新加坡、马来西亚，表示"死亡"。

　　中国人用手指在太阳穴画圈表示正在思考，美国人用这一手势表示神经不正常。美国人会点点别人的太阳穴来赞扬其聪明，但在中国文化中，指指太阳穴则表示某人的脑子坏了，或是表明他很愚蠢。当美国人吃饱饭时，会把手横在自己的脖子上来表示；而这个动作在中国人看来却是一种刺杀行为，中国人常常用手拍拍肚子来表示自己已经酒足饭饱。

　　世界各国的手势举不胜举，手势方面的禁忌也五花八门。既然如此，那么在跨文化交际时干脆把两只手都插进衣兜里是否可以少惹麻烦呢？但在印度尼西亚、法国和日本等国，与人交谈时把手放在口袋里也是不礼貌的。所以，除了要有包容与尊重彼此文化差异的雅量之外，根本的办法还是尽可能多地学习和掌握交际对象国的常用手势，并应用于日常生活、教学工作及社

---

① 李荣启. 手势 人类的副语言[J]. 世界知识，1990（8）.

会交往之中。

2.4 身势

所谓身势，是指人的仪态，包括人的站姿、走姿、坐姿等。在跨文化交际过程中，一个人从头到脚的姿态随时都在传递信息，它成为与外部世界交流思想感情的重要信息。因此，了解不同文化中身势语的文化内涵，并较好地理解和运用身势语，也是跨文化交际成功的关键因素之一。手势和面部表情前面已经讨论过，这里重点谈一谈站姿、走姿、坐姿和蹲姿。

在当面谈话时采取什么样的姿势，是站立还是坐下，不同国家的人有不同的要求和理解。中国人喜欢请客人坐下，在请人做客时会说："请到我家来坐坐。"而西方人在很多场合都喜欢站着，他们站着开会、站着吃饭、站着聊天儿等。他们在课间或会后安排的茶歇大多也是站着交谈、喝饮料、吃东西。当然站着做事儿的效率更高，但更多还是出于传统习惯。

在中国，若一个人坐在某处，有熟人或朋友走近自己，一般会起立打招呼。如果有人走进房间或办公室，尤其当来者是年长的人或级别较高的人时，一定要站起来打招呼，请来人就座后自己才能坐下。而在西方，站着打招呼或坐着说话，人们都不会太在意。即使是坐着的，也不会因交谈对象年长或地位高而站起来或让座，而中国客人会感到不习惯。在美国的课堂上，教师请学生回答问题并不要求站起来。他们上课时，爱在教室里来回走动，有时会坐到课桌上与学生一起讨论问题，这在中国的课堂较少出现，美国教师是想营造一种自由讨论的氛围。

在以礼仪之邦著称的中国，对仪态的要求是"站如松，坐如钟"，即站有站相，坐有坐相。尤其是晚辈对长辈、下级对上级，特别要求站姿，当一个人站在身份、地位比自己高的人面前时，绝不能是吊儿郎当的站姿；坐姿也必须是正襟危坐，否则就是无礼。而在西方国家却没有这么严格的要求。

如果把鞋底对着沙特人或泰国人，就会被认为是对他们极大的侮辱，因为在他们国家，脚是人体最脏的部分。

美国人不拘小节，所以常常松松垮垮地站着或大大咧咧地坐着。而在德国等比较注重礼仪规范的国家，这种身势被视为无礼。日本女子的卑躬碎步与美国女子的挺拔大步，也反映了她们各自不同的文化。

就连"点头Yes摇头No"这一大多数国家能用的身体语言，在阿尔巴尼亚、保加利亚、土耳其、伊朗、尼泊尔、斯里兰卡和印度也变成了"摇头是Yes，点头是No"，而埃塞俄比亚人则用扭头这个半摇头动作表示肯定。

2.5　体触

这里所说的体触，指的是借身体之间的接触来传达或交流信息的交际行为，包括握手、拥抱与接吻及其他的身体接触。不同的文化有着不同的接触方式，相同的接触方式也可能具有不同的文化内涵。

2.5.1　握手

握手是世界各地最普遍的打招呼方式，它体现了相互亲近和愿意交往的意愿，但在不同的文化中握手的习惯也不一样。

中国人早年普遍是双手抱拳，拱手施礼，近代以来开始使用握手礼。中国人见面时习惯于一边说"你好"一边握手，对此没有什么忌讳。日本人至今仍然喜欢向对方鞠躬致意，当然也开始流行握手。泰国、缅甸、老挝、柬埔寨、尼泊尔等佛教国家的见面拜礼通常是"合十礼"，行礼的时候两掌合拢，十指并拢向上置于胸前，身体微微向外倾斜鞠躬。中东人和许多东方人在握手时，往往轻轻握一下即可，那是因为在他们的文化里紧紧握手意味着挑衅。北美人从儿童时代起就学会握手时要紧紧地用力握一下。法国人做客走进房间或告别时都要与主人握手。而德国人只在进门时握一次手。俄罗斯人则不允许两人隔着一道门或跨着门槛握手，因为他们认为这样做很不吉利。在德国，男女在与人相见时都喜欢握手；在美国，女士很少握手。在西方，参加竞选的政客会用右手握住对方的右手，再用左手搭在互相握住的手背上，试图让对方感到他的热情、真挚与诚实可靠，故被称为"政治家的握手"。

在异性之间，如果女方不主动伸出手来，男性是不能去握她的手的。如果伸出左手与人相握，则是无礼的表现。在一些阿拉伯国家，当男士向女士打招呼时，握手这一方式就不适用了，因为男女之间在当地公共场合的肢体接触是被禁止的。

2.5.2　拥抱与接吻

当众拥抱和接吻是身体接触中的常见形式，一般是在夫妻或亲朋久别重逢时发生的，但在不同的文化背景下也会有不同的表现。

在许多西方发达国家，两位女性见面时拥抱在一起是十分常见的现象，夫妻久别重逢时拥抱亲吻更是顺理成章。在阿拉伯、法国、东欧、地中海沿岸和一些拉丁美洲国家，两个男性之间也会拥抱、亲吻双颊表示欢迎。而在东亚国家，男人之间一般只是握手表示欢迎，很少拥抱或亲吻对方；日本人更是习惯深鞠躬以表示欢迎。

一般来讲，西方人比较喜欢接吻，但最爱接吻的还要数法国人。拿破仑在1796年给妻子约瑟芬的快信中就写道："希望不久我将把你紧紧地搂在怀中，吻你亿万次，像在赤道下面那样炽烈的吻。"法国摄影师罗伯特·杜瓦诺（Robert Doisneau）1950年应美国《生活》杂志之邀拍摄的《市政厅前的吻》更是世界公认的"最著名的吻"。"法式空气吻"也是法国人最常使用的一种吻礼。英国人率先发起建立了国际接吻日，并在1991年得到了联合国的认可，定在每年的7月6日。

中国的情况则不同。从先秦开始，接吻在中国就是一件私密的事情。不过随着时代的发展，中国人对拥抱接吻的观念也有了很大变化，尤其是年轻人。

2.5.3　其他身体接触

有的人类学家把文化大致分为两大类：接触文化和非接触文化。其中阿拉伯人、南欧和西欧人、犹太人及拉丁语系的人属于接触文化圈；美国人、北欧人及东方人属于非接触文化圈。①不同的文化教给人们不同的接触方式：哪些部位可以接触，哪些部位不能接触；什么场合可以接触，什么场合不许接触，讲究非常之多。因各国的体触习惯不同，故具有较大的文化差异。

在中国，由于人口众多，中国人已经习惯了拥挤的环境，所以对拥挤中的体触行为虽会感到不快，但一般都能采取谅解、宽容的态度，不会轻易发火。日本人虽然私人空间意识也不强，但对相互之间的身体接触却有极为严格的界限，即便身处拥挤的环境中，也会尽量保持互不触碰。

大多数中国人认为触摸别人的头是不礼貌的，尤其是女性摸男性的头，或晚辈动长辈的头都是冒犯行为。但是，摸小孩的头或脸却是可以接受的，这被认为是一种慈爱、喜欢的表示。然而在美国人看来这却是极其不礼貌的行为，因为这种行为在西方文化中代表着粗鲁、入侵和进攻，可能引起强烈的不满甚至憎恨。西方的母亲们普遍抱怨中国人爱抚她们的孩子，但又不能公然表示不悦。因为她们也知道这种行为并无恶意，只是友好和爱的表达，所以她们经常带着复杂的心情静静地看着中国朋友爱抚她们的孩子。

在泰国和马来西亚，摸别人的头被视为对人的侮辱，即使是小孩的头也不能摸。因为对他们来说头是最神圣的，是人智慧的源泉；头顶被认为是灵魂之所在，绝对不可侵犯。泰国人当然也会去理发店或美容院，但是理发师或美容师在动手之前，必须先说："对不起！"另外，泰国僧侣特别忌讳被女性触碰，认为这样会使他的修行前功尽弃。

在英美国家，同性之间尤其是同性青年之间的体触行为，如拉手、抱肩、搂腰等一般被视为禁忌，他们认为这是同性恋行为；但在异性朋友之间却是允许的。这一点与中国人恰恰相反，在大庭广众之下常常可以看到中国的同性朋友（尤其是女性）手拉手行走。初来中国的西方人看到中国同性学生之间勾肩搭背的动作，感到迷惑不解，以为是同性恋。而中国异性朋友之间一般只能握手，很少进行身体接触。在公共场所或面对长辈或长者时，夫妻或恋人之间的身体接触是要回避的，否则会被认为行为轻佻。

---

① 孙旭光，姚琦.浅谈跨文化交际中的身势语 [J].新西部（理论版），2011（3）.

北美人不喜欢触碰，好朋友之间会偶尔碰一下对方的前臂或肘部，但不会拥抱。东方人也和美国人一样避免这种身体接触，但是一些拉美国家的人如墨西哥人却喜爱热情拥抱或拍对方的背。阿拉伯人无论在家里还是公共场所都习惯于频繁的身体接触。见面时，他们常常拥抱，触碰彼此的鼻子，还闻对方的气味。但异性之间却像极了中国从前的"男女授受不亲"[①]，绝不越雷池一步。

总之，在跨文化交际中，体触语的文化差异很大，很容易产生误会，我们应当特别注意体触的方式及行为，避免造成误会或冲突。

3　副语言的文化差异与跨文化交际

广义的副语言也包括前面所说的体态语，这里讨论的是狭义的副语言，包括音响语、距离语、标志语等，用来传达意义，交流情感。研究副语言的学科称为副语言学（paralinguistics）。副语言又称伴随语言，即伴随着语言而发出的没有固定语义的声音，以及在讲话和交谈中表示出的无声态度——沉默和停顿。它包括沉默时的出声，话语的音高、音长、停顿、语调、语气、语速、话轮转换等各种非语义声音等。作为语言符号的子系统，副语言行为始终贯穿于言语交际的全过程，并且具有特殊的交际功能。

在跨文化交际过程中，副语言具有显著的文化差异性。地中海沿岸国家的人说话大多声音很高，这对于美国人来说，却是一种刺耳的、攻击性的、令人不愉快的声音。阿拉伯人说话声音也很大，因为在他们看来，洪亮的声音可以表达力量和诚意，柔和的声音则表示软弱和迟疑，而降低自己的音量则是表示谦虚和对长辈的敬意。[②]以色列人通过提高音量来表达对讨论的问题充满信心；德国人在处理事务时声音咄咄逼人，体现出一副权威和自信的派头。日本人说话的音量是偏低的，从日语的五个元音的发音方法可以看出，日语的口型变化比汉语要小，比英语更要小得多。

---

① 出自《孟子·离娄上》。

② 范双莉. 非语言交际的中西方文化差异 [J]. 赤峰学院学报（哲学社会科学版），2009（5）.

据《日刊SPA》报道，在汇集各国游客的东京新宿歌舞伎町，日本媒体做了次测试，发现中国游客在家电量贩店的音量为76分贝，与日本城市噪声基准相差不多。在仅有日本人的餐厅中，日本人的说话音量为60至70分贝。说话最大声的是白人群体，为120分贝。报道称，中国人国内说话音量一般为80分贝，最高达100分贝。①

英语国家的人在近距离的交谈或打电话时会压低声音，公开演讲时可以开怀大笑，在轻松愉快的欢庆会上也会放声大笑。但一般都是低声细语，这既是保护个人隐私，也是对他人的尊重。对泰国人而言，大声说话也意味着不礼貌。

副语言一般可分为情绪音和生理音。情绪音指的是笑声、哭声、呜咽声、叹息声、口哨声等；生理音指的是打哈欠、打喷嚏、咳嗽、打呼噜、呻吟、打嗝等。中国人对公众场合发出生理音的行为不十分在意。西方人则不轻易发出生理音，他们认为发出生理音是没有修养的失礼行为。

在美国，如果陌生男子对青年女子吹口哨，意味着赞美其漂亮或表示好感；而在中国则不提倡这种行为。

停顿和沉默是副语言中的特例。中国人轮流说话时需要对方有一个停顿，有一个沉默的时间，然后才开始说话。沉默的时间是对方的结束，也是对自己说话的一个邀请。中国人交谈时会等待对方停顿再说话，体现了跨文化沟通中的互动管理。但西方人却容易误解中国人交谈时的停顿和沉默。

沉默作为非语言交际的重要手段，在沟通中起着不容忽视的作用。然而不同文化的人对待沉默的态度和对沉默的理解都不尽相同，因此在跨文化交际时很容易出现误解。中国人一般赋予沉默以积极的意义，如"沉默是金""此时无声胜有声"等，都说明沉默在中国文化中有着重要作用。中国人的沉默在不同的场合还有着不同的意思，可能是赞同或默认，也可能是保留己见，甚至生气。而西方人却常赋予沉默消极的意义，他们更加崇尚雄辩，用语言来直接表达自己的想法。因此，当中国人和西方人交流时，中国人的沉默常常让西方人感到不满。

---

① 出自2018年1月8日海外网。

西方人看表演或听报告时，都是保持沉默；而中国人有时会窃窃私语。因此，西方人不理解中国人的沉默，以及为何有的中国人会在别人说话时交头接耳。[①]西方人只有在对待小孩的发问时，才偶尔使用沉默。不同文化的副语言之间的这些差异，在跨文化交际中很容易导致误解乃至冲突。作为国际中文教师，除了掌握不同语言的特点之外，还要留意汉语学习者所属文化的副语言特征。

4　客体语的文化差异与跨文化交际

客体语指的是与人体有关的相貌、服装、装饰、化妆、身体散发的气味等，加上手表、眼镜、名片和手提包等个人日常用品，还有家具、车辆等提供的交际信息。这些东西在人际交往中都可以展示一个人的文化特征，因此是非语言交际的重要媒介。

4.1　相貌

人们无论属于哪种文化圈，对自己的外表都非常注意。一般来说，各种文化都以五官端正、四肢匀称为美。但差异也依然存在，因为在不同的文化中，人们对于"美"的理解不同。比如，汤加人以胖为美，缅甸的一个少数民族以妇女的脖子长为美。在美国，人们欣赏个子高的苗条女子，但欧洲一些国家的人却认为这种体型意味着体弱和意志薄弱，粗壮一些的体型才是理想的。在中国，人们以女性身材匀称、个子高挑、皮肤白皙、大眼睛、双眼皮为美；而在西方人们常常要晒日光浴，以古铜色的皮肤为美，化妆品也没有美白的功能。西方人双眼皮居多，但在他们眼中单眼皮丹凤眼更美。对于身高他们不太在意，但却要求丰胸肥臀，臀部以上翘为美。而在日本，体型娇小的女性更受到青睐。

对于头发，中国人以光滑飘逸为美，而西方人除此之外，还以浓密为

---

① 黎韵.英语副语言在跨文化商务交际中的运用 [J].现代交际，2013（2）.

美。由于对"美"的标准不同，所以我们在跨文化交际时要注意这方面的问题。

4.2　服装

服装作为一种符号，在交流中传递着比身体更多的信息，它实际上是一种有意的暗示，可以表明人们的身份、地位、职业、个性、审美情趣和精神面貌等多方面的信息。在美国，穿衣的层次越多，面料越高档，风格越低调，说明其阶层越高。在英美国家的一些正式场合，服装的穿着有明确的规定，比如在高档宴会上，不可以穿牛仔裤。

从颜色上看，中国历史上认为黄色（尤其是明黄色）象征着高贵和权势，只有帝王才可以使用明黄色，平民是不可染指的；红色代表喜庆、热情，多用于婚庆和节日；白色代表悲伤，多用于丧事，在某些场合是禁忌的；灰色代表柔和、高雅和深沉等。在西方历史上，紫色被认为是高贵的，达官贵人的衣服多为紫色；红色带有血腥的色彩，或是与火相联系；白色代表着高尚、纯洁，所以婚礼仪式上新娘穿白色婚纱。①

从图案上看，中国人喜欢龙凤等吉祥图案，因为龙凤是神圣的，代表着吉祥。但在西方龙却被看成邪恶的怪物，而小青蛙或者其他与海和游艇有关的图案受到美国中上层人士的喜爱。

从遮盖度上看，中国的女性服装要挡住腿、背部和胸部；马来女性要挡肚脐；阿拉伯女性要穿长袍裹身，挡住头发和身体；有些非洲女性要挡住臀部；埃及女人讲究挡住脸。而西方女性可以裸露的身体部位较多，意在体现女性的自然生理美。

从款式设计上看，中国人总体上喜欢宽松式的服装；西方人喜欢能够体现人体生理曲线美的服装；日本男性倾向于喜欢穿制服的女性；在墨西哥，制服是受大众喜欢的服装，军人、警察等都乐于穿制服；而犹太人则厌恶制服，因为制服会让他们想起德国纳粹。②

①　武术.客体语的跨文化交际 [J].电影评介，2014（18）.
②　武术.客体语的跨文化交际 [J].电影评介，2014（18）.

　　人的服装与人的行为、举止一样，也表现了人们的个性特征和文化水准。服饰打扮是否得体，一要看身份和职业，二要看交际场合，没有一成不变的习俗。正式场合对服装的要求就比较严格，而在非正式场合，衣着就可以比较随意休闲。西方的社交活动，一般在请柬上对着装有明确的说明，印在请柬的右下角处。若标明 "White tie"（白领带），则需穿晚礼服或燕尾服、硬领衬衫、黑色套装和白色领带，这是最正式的服装，女性则穿裸肩袒背的深色长裙；若标明 "Lounge suit"（休闲服），则只需要穿西装打领带，对于颜色没有严格要求，女性可着套裙；若标明 "Dress informal"（便装），则衣着可以比较随意。年轻人的聚会一般没有严格的衣着要求，许多人穿T恤衫和牛仔裤。

　　英语国家的人对着装场合比中国人讲究。男子在室内戴帽子被视为不得体。正式接待客人时，男女主人应穿上礼服。有的餐馆要求顾客必须穿西服，打领带。美国有的公司规定，公司代表和经理必须穿白衬衫、黑色套装等。在西方国家，政府工作人员、律师、银行和大公司职员一般衣着都比较正式。在大多数的高级饭店内，客房服务员和餐厅服务员的服装款式都有别于前台服务员、领班、部门经理和总经理的服装款式。

　　日本的民族服装是和服，不过现代的日本人已经很少穿。但是在婚礼、节日、表演等重要场合，人们还是会穿上和服。苏格兰男士穿的裙子非常著名，格子纹（tartan）也是苏格兰服饰的标志之一。美国人崇尚自由，所以在非正式场合他们的衣服大多休闲、舒适，以T恤衫和牛仔裤为主。法国人喜欢浪漫，所以他们的服装风格偏多元化。英国则是碎花裙、小花边或格子的学院风。意大利人对品质有很高的要求，因此无论是服装的款式还是面料，无论是剪裁还是做工，都极尽华贵与设计感。

　　文化差异还会导致对同一场合认识上的偏差，也会带来穿着上的不同。比如：中国人认为课堂是比较严肃、正式的场合，如果着装过于随意，就是对老师的不尊重。而英美国家的人却认为课堂是比较放松、自由的场合，所以有的学生的着装也比较随意。

　　随着时代的发展，人们的服装也有了很大变化。当今中国人的穿着打扮日趋西化，传统的中山装等已基本退出历史舞台。不过在正式场合，中外服装的文化差异还是显而易见的。不同国家和文化的人们在服饰衣着上有不同的习俗，在跨文化交际中，国际中文教师应尊重不同的文化习俗。

4.3　装饰

人们身上的各种装饰本身并无特殊意义，然而一旦出现在交际场合，便是一种信息或文化符号。

4.3.1　文身

在中国，文身会让人联想到帮会组织甚至黑社会，文身者在求职时也会被人怀疑，面临阻力，在中国明确规定文身者不能应征入伍。[①]文身在日本也是一种禁忌，在游泳池、健身俱乐部或者汽车旅馆，总能看到门口挂着一块"文身者不得入内"的警示牌，而且如果身上有明显的文身图案，就业、应聘都会受阻。但在美国，文身却是一种非常普通的纹饰，无非是在表达个性或是在励志，而且有着很高的普及率，人们的态度也比较宽容，不会歧视文身者。美国军人非常喜欢文身，鹰、船、旗帜、军队、徽章等，都是他们偏爱的图案，甚至女性也喜欢文身。在泰国，文身被看成一种正常的身体装饰，和戴首饰、穿时装没什么区别。从首都到海滨小城，"TATTOO"（文身）店比比皆是，每家都能提供上千种图案供消费者选择，显示出这个行业的兴盛。不过，文身的图案有一定的禁忌，文身的人必须遵守戒律。

4.3.2　首饰

首饰包括项链、戒指、手镯、耳环和胸针等饰物。佩戴首饰既是一种个人喜好的体现，也是一种向外界传递信息的方式。比如西方人无论男士还是女士，都有戴戒指的习惯，但很有讲究。戒指一般要戴在左手上，食指戴戒指表示"求爱""求婚"；戴在中指上，表示"在恋爱中"；戴在无名指上，表示"已婚"；左手小指不允许戴戒指，如果戴在右手小指上，则表示

---

① 出自《应征公民体格检查标准》第十一条。

"独身"。在西方，戴戒指作为一种约定俗成的信息代码，不可弄错。但在中国就没有这么多讲究了。

佩戴耳环是妇女的个人爱好，有的西方男子也戴耳环。英语国家近视的女子一般喜欢戴隐形眼镜。夏天很多西方女性会戴上墨镜。

图 4-2

在跨文化交际中，首饰的佩戴一般要注意以下几个方面：

首先，以少为佳，甚至不戴。得体的首饰可以给人以美好的印象；相反，过分鲜艳、俗气的首饰反倒让人觉得招摇。

其次，同质同色。如果佩戴一件以上的饰物，通常是要讲究质地相同，色彩一致。跨文化交际活动中要避免戴黑色首饰，因为黑色代表悲哀、恐惧、忧郁和沮丧，甚至代表黑暗与死亡。其他颜色的首饰应视交际对象的文化习俗进行适当的搭配。英语国家的人极其重视颜色的情感反应与交际作用。红色一般代表热情与友好，戴上一枚做工精细、质地上乘的红宝石戒指，将令你充满活力。蓝色代表和谐与宁静，一条蓝色的水晶项链不仅会让你容光焕发，还会使你在庄重的场合从容不迫，谈笑自如。黄色代表高贵与典雅，绿色代表青春与活力，白色代表纯洁与无邪，紫色代表智慧与财富，橙色代表成果与收获。同时，还要注意不同颜色在不同国家中的文化差异。

其三，符合惯例。戒指一般戴在左手，最好只戴一枚，不超过两枚。至于项链，若能得体佩戴，会使你显得端庄高雅。

其四，注意禁忌。在跨文化交际活动中，首饰的佩戴需注意特殊的禁

忌，慎重选择文字和图形。在挂件的佩戴上，一般以心形、几何形和动物类
为宜。十字架吊坠在基督教文化中具有特殊的宗教意义，佩戴需谨慎。

4.3.3　化妆

化妆是通过使用化妆品材料和技术来修饰和美化或者改变人的容貌，实
现个人对美的追求以及适应特殊场合的一种手段。在跨文化交际活动中，化
妆起着不可忽视的作用。得体的化妆可以给人以典雅、端庄、大方的感觉；
反之则不然。另外，从一个人常见的化妆风格也能判断其性格特征。以女性
的发型为例，一般来说，长发披肩，显得恬静娴雅；马尾高扎，就显得活泼
洒脱；而发髻挽起，则显得干练利索。

由于中国人十分强调天生丽质，欣赏内在美和含蓄美，所以中国人经常
化妆的相对较少，且大部分是女性，以18—40岁之间居多，中老年人群中化
妆的女性较少，而男性化妆的情况在日常生活中更是少见。即使化妆，通常
也是淡妆，追求"草色遥看近却无"①的效果。相比之下，在西方和日本、
韩国等国家，化妆的人比比皆是，而且喜欢化浓妆，甚至有女性不化妆就不
出门的说法。

在跨文化交际中，不同肤色的人的审美标准也有很大差异，所以在化妆
上的要求也大不相同。以肤色为例，中国女子以白为美，注重美白，不希望
自己被晒黑，常常在出门时涂上一层防晒霜；而西方的女子则认为皮肤被晒
成古铜色才更健康。

化妆其实是一门生活的艺术。真正懂得化妆的人会扬长避短，巧妙运用
色彩和线条，突出个人优点，化出"态浓意远淑且真，肌理细腻骨肉匀"②
的效果。

一些来自欧洲和日本、韩国的学生表示中国人不太注重化妆。这些国家
的人比较重视对外表的修饰，他们认为上课时教师应该化妆，这是对自己和
学生的尊重。国际中文教师在面对这种质疑时，可以解释一下中国人欣赏自
然美的民族心理。

---

① 出自唐韩愈《早春呈水部张十八员外（其一）》。
② 出自唐杜甫《丽人行》。

教师可以根据个人气质、身份和出席的场合确定妆容。比如清爽雅致的淡妆，适合休闲、办公、课堂或一些正式场合；浓妆则适合表演节目时等。只要根据具体情况与个人需求进行化妆，就可达到"淡妆浓抹总相宜"①的效果。

4.3.4　体味

在跨文化交际活动中，体味也起着重要的作用。它可以传递有关种族、文化和家庭的生活习惯等信息。不同民族、不同国家的人的气味是不一样的，即使同一文化圈中的每个个体也会散发出不同的气味。影响人体气味的因素很多，包括食物、饮水、心情、种族、性别、年龄、生活习惯、健康状况和卫生习惯等等。此外还有环境气味的影响，比如吸烟人的烟味、人体和衣服吸收的商品气味等等。

孔子说过："与善人居，如入芝兰之室，久而不闻其香，即与之化矣。"②如果人长期闻一种气味，就会习以为常。但在跨文化交际中，人们对本文化圈的人的气味往往习焉不察，而对其他文化圈的人的气味却很敏感。

英语国家的人非常忌讳口臭、腋下出汗或因衣着不洁等个人卫生问题而出现的身体怪味。阿拉伯人认为散发出体味是不礼貌的。因此，即使是男性也要喷香水来掩盖体味。印度人、非洲人也有大量使用香水的习惯。

日本人偏爱海产品，尤其喜欢吃生鱼片和寿司。虽然中日两国都喜欢清淡的饮食，但是日本受西方文化的影响，也忌讳口出异味，在交际中会用香水去掩饰身体的气味，只是讨厌过于浓烈的香水味。中国人比较适应身体的自然气味，所以很少使用香水。

作为国际中文教师，要掌握以下原则：

一是正确对待来自不同文化背景的人的身体气味，即使觉得自己难以忍受，也不能有掩鼻等夸张动作；

二是避免因自身原因而产生特殊体味。在跨文化交际时不食用有刺激性

---

① 出自宋苏轼《饮湖上初晴后雨二首·其二》。
② 语出《孔子家语》。

气味的食物，如察觉有异味，在赴约前可以嚼口香糖、喷洒香水等。男士也可适当地使用一些男士香水，但要适可而止，不可过量。

三是可以通过调整谈话距离和谈话地点的方式来缓解尴尬。

四是加强自身修养，养成良好的卫生习惯，勤洗澡，勤换洗衣物。

在跨文化交际场合，如果身上散发出怡人的气味，会增加交际对象对你的好感，拉近彼此的距离。

4.3.5　个人用品

个人用品是指人们随身携带的一些日用品，如眼镜、名片、手提包、文具等。这些物品也可以传递信息，具有一定的交际作用。

（1）眼镜

西方非语言交际学家对眼镜在交际中的作用曾做过大量研究，认为可以通过眼镜表达内心活动和传达交际信息。在中国，普遍认为戴近视镜或老花镜是聪明、勤奋、好学、有知识的象征。在国际中文课堂，教师和学生中戴眼镜的不在少数。学生对戴眼镜的老师的看法一般是有原则、温和、学问渊博、但有些保守。不过总体来说，佩戴眼镜的优势要大于劣势。而在西方国家，戴眼镜则被认为影响美观，所以无论是日常生活还是正式社交场合，西方人都以戴隐形眼镜为主。由于隐形眼镜有可能出现脱落，为避免不必要的麻烦，所以戴隐形眼镜的汉语教师最好在手提包里备一副普通眼镜。

一般来说，戴墨镜是为了在强烈的阳光下保护眼睛，所以在室内最好不戴墨镜，因为这不仅显得对人不礼貌，还会引起别人的猜测，甚至让人感到难以接近。在室外，戴墨镜相对自由一些。

（2）名片

名片是一种印有姓名、职业、职务、地址等表明个人身份的小卡片，是现代社交活动中经常使用的媒介之一。东汉末刘熙《释名·释书契》说："谒，诣也。诣，告也。书其名于上以告所至诣者也。"大约至迟于秦汉之际，人们在拜访谒见时，就开始用名帖来通报姓名了。当时称名帖叫"谒"。据清赵翼《陔馀丛考·卷三十》考证，"古人通名，本用削木书字，汉时谓之谒，汉末谓之刺，汉以后则虽用纸，而仍相沿曰刺"。唐宋时期，由于科举制度的出现，名片被称之为"门状"。直至清朝才正式出现了现在"名片"的称呼。由于西方的不断入侵，与外界交往增加，和国外通商也加快了名片的普及。到了近代，名片主要用于商业，早期只用于少数特权阶层的交往。

在17到18世纪的欧洲贵族社会中，名片开始流行起来。贵族们会使用精美的名片，上面印有自己的家族纹章和座右铭，以展示自己的身份和地位。19世纪，随着工业革命的到来，名片的使用范围扩大到商业领域。商人们开始使用名片来介绍自己的企业和产品，以促进商务合作。20世纪初，名片的设计开始多样化，出现了不同材质、尺寸和印刷技术的名片。名片上的信息也逐渐增加。20世纪中叶，随着互联网技术的发展，电子名片开始出现，人们可以通过电子邮件或手机等发送和接收名片信息，方便快捷。

在西方，名片的用途十分广泛。最主要的是用作自我介绍，也可随赠鲜花或礼物，以及发送介绍信、致谢信、邀请信、慰问信等。在名片上面还可以留下简短附言。

使用名片时应注意以下几点：

1）名片尽量做到纸质优良，印刷精美，字体漂亮，且散发出淡淡的清香，还可配以优雅的图案，充分展现自己稳重、高雅、干练的个性。

2）外出时，最好随身携带一些名片，以备不时之需。

3）名片最好放在名片夹中，名片夹不要放在长裤口袋中，不要从钱包里随便取出。

4）用双手递送名片，同时用双手接受对方递过来的名片。

5）拿到对方的名片时，应认真看一遍。切忌接过名片看都不看直接放进口袋。

6）交谈中不可折皱对方的名片或随意放在桌上，这是很失礼的。

（3）手提包

手提包号称职场人士的"移动办公桌"，它也是交际信息传递的另外一种方式。手提包的质地、款式都能反映出使用者的身份地位、性格特征、个人修养等。公文包在英文中被称为"briefcase"。相传，公文包是在18世纪英国乔治时代，从内阁使用的"部长的红匣子"演变而来。1920年，伴随法国时尚业和意大利皮革业的发展，当代公文包诞生了。

男士的手提包一般是黑色或棕色，大小以能装下所需的文件和日用品为宜。女士的手提包颜色要丰富一些，但关键是要质地考究、式样简洁、大小适中、大方得体。男士和女士的手提包在一定程度上可以反映出个人的经济实力，但需要说明的是，信奉印度教的印度人视牛为神，所以在印度千万不要使用牛皮质地的手提包。

5 环境语的文化差异与跨文化交际

作为非语言交际重要形式之一的环境语，包括时间、空间、颜色、声音等。这些环境因素都可提供交际信息，因此环境语也可展示文化特性。这些交际信息具有一定的普遍性，但更多情况下却因文化不同展示出不同的交际信息。

5.1 时间观念

不同文化背景的人，在跨文化交际中常常因时间观念的文化差异而产生误解，因此，了解不同文化的时间观念，有利于进行有效的跨文化交际。

5.1.1 过去、现在和将来的时间取向及其对跨文化交际的影响

对于过去、现在和将来，每种文化都有不同的时间取向，这是导致跨文化交际中产生分歧的重要因素之一。一些较为重视过去的民族，通常历史比较悠久，已有的文化传统在自身文化中至关重要，如中国人、日本人等。他们所做的决策和判断在很大程度上参照过去，主张以史为鉴，借助研究过去指导现在和将来。而西方人则重视未来，把未来看作幸福之所在，因此他们通常很乐观，善于接受变化和革新，属于将来取向的文化。

不同文化在时间取向上的分歧，还体现在对"前"和"后"的截然相反的理解上。中国人以过去为参照，过去的时间为前，因此中国人常说"前无古人，后无来者"。而英美国家的人则是面向未来，认为未来的时间叫

"前"。在西方文化中，一周的第一天以"周日"开始，而"周日"在中国
却是一周的结束。因此，在周三的时候，"last Monday"和"next Saturday"
在西方指的是本周的周一和周六；但在中国，它们分别意味着"上周的
周一"和"下周的周六"。由此可见，不同文化的人的时间观念有较大
差异。

5.1.2　正规时间、非正规时间和技术时间及其对跨文化交际的影响

世界上存在三种文化时间系统：技术时间、正规时间和非正规时间。正
规时间即生活中常接触的时间，如年、月、日、星期等，人们认为这些是理
所当然的时间；技术时间是科学家头脑中的专业概念，如回归年等，这两者
的文化特征不明显；而非正规时间则通常取决于具体场景，具有不确定性，
它所具有的文化特征正是我们关注的重点。

非正规时间的模糊空间在不同文化中究竟有多大差距呢？

中国人常常说："我过一会儿再来。"这个"一会儿"的时间跨度是
相当模糊的。它既可能是十分钟，也可能是半小时，甚至一两个小时。再
比如：中国人常常说："马上就好。"这个"马上"的时间跨度也是非常
模糊的，它可以是一两分钟，也可以是半个小时，甚至一个小时，伸缩性非
常大。只有非常熟悉这句话的语言环境，才有可能对它产生一个大致确切的
时间概念。而英语中相关词语的选择却是受到严格限制的，从"immediately
（立即）"到"awhile（片刻）"，从"soon（很快）"到"a long time（很
长一段时间）"，从"too long（太长了）"到"forever（永远）"，人们对
于这些词所表达的时间长短一目了然。这些对非正规时间理解的文化差异，
很可能会引起跨文化交际误解。

5.1.3　单时制取向和多时制取向及其对跨文化交际的影响

单时制取向的人通常把时间看作直线，并把时间分成若干段，活动安
排都要严格按照时间段的划分，特定的时间内只做一件事，其最显著的特点
就是守时。西方人是明显的单时制取向，他们做任何事情都严格遵照日程安
排，按时开始，按时结束。倘若在安排好的时间内任务没能完成，那也必须

停下来，以免打乱日程表，影响下一时间段的正常活动。因此西方人具有较强的时间观念，非常守时，十分珍惜时间。无论是访友或与教授、经理、上司谈话，都需要预约时间，以免打乱对方的时间安排，并且准时、守信地赴约，以示尊重。

东西方文化在"准时"和"效率"方面存在较大差异。比如在正式交际时，西方人一般开门见山，很快进入正题，以免耽误对方的时间。而东方人在谈正事前往往会花较长时间建立人际关系。

多时制取向的人通常把时间看成点，或者把时间看成无尽的资源，在特定时间内可以同时做几件事。活动虽有计划但常常服从于变化，所谓"计划不如变化快"。虽然遵守时间，但并不十分严格。包括中国在内的亚洲一些国家、中东和拉丁美洲国家基本上都属于多时制文化取向。人们做事很少有安排日程的习惯，时间观念相对较弱，该干什么事时事先没有安排，该结束的时候可能又结束不了。正如Corbett（2003）所描述的派对："一位美国教师在一个短暂的多元文化夏季课程中决定为她的学生举行一个派对，她邀请学生到家中。日本人下午八点到达，吃了很多东西，十点离开了，这时意大利人刚到。大约午夜时分，拉丁美洲人到了，这时食物已经吃完了，但他们留下来，唱歌跳舞，直到午夜四点。"

在跨文化交际活动中，不同文化背景的人对时间有着不同的文化取向，这就需要我们妥善应对。

5.2　空间观念

因不同风俗习惯、地域环境等的影响，不同文化的空间观念也不尽相同，主要通过空间领域、体距和空间取向表现出来，在跨文化交际中不容忽视。

5.2.1　空间领域的文化差异

人们对于空间领域的态度因文化不同而有所差异。在不同文化中，领域观念最直接、最突出的心理反映是对待个人领地及独处的态度。中国文化强调空间的聚拢性，对个人空间受到别人侵占的反应不是那么敏感，这与中国人具有共享空间的传统有关。在中国家庭里，家庭成员在进入他人房间之前有时会忘记敲门征得对方同意，而类似这种行为在西方人眼里是无法接受的。

中国人强调维护家庭和集体的领地，而英语国家的人强调维护个人的领地。在中国，每个单位大院周围都建围墙，这让西方人感到难以理解。在住房条件非常差的时期，甚至三代人共居一室，毫无隐私可言。即使是现在，许多中国的爸爸妈妈也经常随便进入子女的房间，这在西方极少发生。西方的年轻父母在孩子一出生就让他们获得自己的领地——一间婴儿房。

在西方家庭中，每个人都有自己不可侵犯的领地范围。例如：厨房、起居室和卧室一般是妻子的领地。书房、工作室、地下室、车库、图书室和院子则是丈夫的领地。家庭主妇习惯于把厨房看成女主人的领地，她们对厨房有着强烈的感情，甚至母亲和亲生女儿都不得随便入内。而丈夫的座椅一般也是其他家庭成员不可侵占的神圣领地。

在中国的很多单位，一个较大的房间内通常会安排很多人一起办公，办公桌连在一起，或面对面放置。熟人之间互相拿用对方办公桌上的东西，甚至看别人电脑上的信息也并不罕见。而在西方，只要可能，每个办公室工作人员都要有自己独立的办公区，如果空间实在紧张，也会尝试用隔板将房间分成若干个部分，办公桌无论大小都应是彼此分开的，而且办公桌是属于个人神圣不可侵犯的领地，未经许可，他人都不能随便翻动桌子和抽屉里的东西，也不能将桌上的东西随意拿走。至于看别人电脑上的信息就更不能容忍了。

西方人的领地观念明显强于东方人，如果他们认为自己的空间领域被侵犯，就会马上采取措施加以维护。他们与中国人交往的文化冲突之一就是感受到自己的隐私权被侵犯。比如，西方人视衣着为他人无权触碰的个人物品。中国人没有这种观念，看见别人买的或穿的好衣服，会触摸一下，看看质地如何，这在西方人看来是无法接受的。因此，了解中外空间领域的文化差异，对于调整人际关系，避免跨文化交际失误具有重要意义。

5.2.2　体距的文化差异

一般来说，人际交往中的身体距离可以分为四种：一是亲密距离，范围在45厘米以内，例如父母与子女之间、闺蜜之间，但更多见于情侣之间。二是私人距离，范围在45—120厘米之间，此类距离适合一般朋友之间的交谈，不会轻易触碰到对方的身体，仅是握手的距离，不会引起误会。三是社交距离，范围在120—360厘米之间，此类距离多用于公开交际场合。四是公共距离，范围通常大于360厘米，此类距离多用于演讲者与听众之间。不过以上只是就一般情况而言，事实上人的空间观念是后天习得的，因此，人际交往中的身体距离在每种文化中都有其特定的规则与习惯。

在中国，人们比较能够容忍拥挤，人与人之间的"碰撞"是司空见惯的事情，人们也不必为此而道歉。中国人对公共场合体距的要求往往只限于自身不受侵犯，即使受到侵犯，反应也不会像西方人那样强烈。而在西方国家，一旦公共场合出现拥挤，人们会马上回避，因为他们无法适应过近的体距乃至体触。同性中国人同行时，有时彼此靠得很近，甚至还会磕肩碰肘；而西方人遇到这种情况就会觉得受到了推挤而感到不快。在欧洲，法国人喜欢在谈话时保持近距离，甚至呼吸能够喷到对方脸上，而英国人则对此很不习惯，步步退让，尽力维持适合自己的空间范围[①]。美国人把"自我"理解为包括皮肤、衣服以及体外几十厘米的空间，而阿拉伯人的"自我"观念则仅限于心灵，他们甚至把皮肤当成身外之物。所以，双方在交往中，北美人往往无法忍受对方的过度热情，而阿拉伯人却觉得对方过于冷淡。

日本人之间总是保持较远的距离，因为他们的传统礼节是鞠躬，如果他们站得太近，就有可能会碰头。俄国人认为合适的个人交往距离，对英国人来说却已经是亲密的距离了。阿拉伯人交谈时会凑得很近，拉美人交谈时更是几乎贴身。更有趣的是，英国人与意大利人交谈时，意大利人不停地"进攻"，而英国人则不断地"撤退"，实际上他们交谈时都只不过是要保持对自己来说适当的距离而已。

---

① 王飞.商务礼仪——人际交往的空间距离效应[J].金融管理与研究，2007（9）.

5.2.3 空间取向的文化差异

不同的文化在利用空间取向以显示地位高低时也会有所不同。在中国，由于几千年封建王朝的统治和等级森严的政治体系的影响，中国人对座次的安排极为重视，一般根据地位的高低和辈分的长幼依次落座。尤其是在孔子的故乡山东省，至今对座席的安排仍十分讲究：出面宴请的主人通常坐在八仙桌的首席（距离门口最远的正中央位置），其右侧是主宾，左侧是次宾或主陪，其余的人按长幼和地位高低依次落座。

而在西方，有座位的宴请通常使用长桌，男女主人分坐两端。男主人坐主位，右侧是第一重要客人的夫人，左侧是第二重要客人的夫人；女主人则坐在男主人的对面，她的两边是第一重要及次重要的男客人。

在中国，职务或辈分最高者通常居于中心位置，如办公楼里靠中间的房间或中间楼层往往安排领导办公。在西方，办公室的安排常采用线性方式，如在多层办公楼中，最高层靠里面的办公室通常安排最高领导人，职位越低所居楼层也越低。而在同一楼层，处于楼层靠外的位置通常安排职位较低者办公，越往里职位越高。而在日本，部门领导的办公室在一间大办公室的中间，下属的办公室在他的四周，这样的空间安排被认为有利于与下属保持密切的联系，更好地进行管理。

为避免空间取向的文化差异所可能引起的跨文化交际失误，国际会议上普遍采用"圆桌会议"，即与会者围圆桌而坐。这种平等对话的协商会议形式较好地体现了各国代表不分尊卑、相互平等的原则。

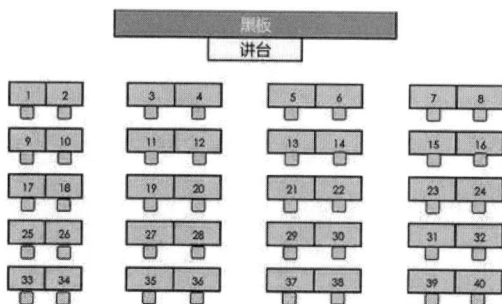

图 4-3

良好的空间有一种特殊的教育功能。在国际中文教学中，我们也应该充分认识到这种空间取向的文化差异对教学的影响。

教室是教师"传道、授业、解惑"的场所，是学生获取知识的地方，同时也是师生交流的场所。中国教室里传统的座位排列为前面是讲台，下面是"棋盘式"整齐排列的桌椅，见图4-3。这样有利于教师管理整个课堂，但不利于师生之间及学生之间的交流。西方学校的教室，只有当演讲者或教师面对许多听众或学生时，才使用讲台，绝大多数采用的是马蹄形或半圆形的空间安排，师生之间的距离很近，这有利于拉近师生间的心理距离，实现交流上的双向互动，调动更多的学生参与课堂活动，活跃课堂气氛。

　　中西方在教室环境的布置上也有很大的不同。中国的大多数教室都在墙上贴着名言警句及班训、班规等，如"知识就是力量""好好学习，天天向上"，还有各种荣誉榜、评比榜等。教室的角落一般也没有什么布置，多是放置扫帚、簸箕、废纸篓之类的清洁工具。而在美国，教室的四周多是书架，摆放着各种适合学生阅读的书籍，学生在课间、课后可随时翻阅。教室墙壁上除了一些现代化的教学设备和教学用具外，还贴了不少有趣的课堂知识卡片或图片等，见图4-4。

　　中国教室的讲台是为教师设计的，有利于教师组织课堂教学，但却拉大了教师与学生的距离，不利于师生之间的双向互动。国际中文教学以语言技能和交际技能训练为中心，培养学生的言语交际能力，这就决定了国际中文教学中师生及生生互动的重要性。因此在课堂教学中，教师要在教室里来回走动或采用马蹄形或半圆形的空间安排，以便更好地进行互动与交流。

图 4-4

思考题

1. 什么是非语言交际？
2. 非语言交际有哪些类型？
3. 非语言交际的作用有哪些？
4. 举例说明体态语的文化差异。

5. 举例说明副语言的文化差异。

6. 举例说明客体语的文化差异。

7. 举例说明环境语的文化差异。

8. 为了减少非语言交际的跨文化失误，国际中文教师应注意哪些问题？

第5章　跨文化交际中的失误、原因与对策

由于文化的不同，在跨文化交际中，人们不可避免地会遭遇交际失败，导致误解、猜疑甚至冲突。这种现象引起了越来越多国内外学者的浓厚兴趣，对国际中文教师来说更不容忽视。一般来说，跨文化交际中的失误主要可分为语言层面和非语言层面两大类。

1　语言层面的跨文化交际失误

语言层面的跨文化交际失误，指的是不同文化背景的交际双方在交际过程中因未能恰当地把握话语中的文化内涵，而造成对语言的理解和使用上的失误。这里用"失误"而不用"错误"，是因为语言运用中的主要问题在绝大多数情况下不是对错的问题，而是是否恰当与得体的问题。

在跨文化交际过程中，失误主要发生在语音、词汇、语义、称呼语、招呼语、致歉语、邀请语、告别语、恭维语等方面。

1.1　语音方面的失误

跨文化交际中如果对目的语的语音特点不够了解，不能正确掌握其发音原理及方法，就容易出现这方面的失误。外国学生说汉语总会给人"洋腔洋调"的感觉，这是因为汉语中有阴平、阳平、上声、去声四种声调，声调不同，意思迥异，这对很多外国学生来说是难以掌握的，因为他们的母语没有这样的语音。例如：外国学生在发音上通常分不清楚"妈""麻""马""骂"四声，分不清"哪里"和"那里"，以及"买"和"卖"。

同一个句子，如果用不同的重音和语调说出来，表达的意思就会有所

不同，本来可以作为一个陈述式的句子，在重音和语调变化之后就可能成了疑问式、命令式或祈使式等等。例如：同样一个句子"你来"，如果用不同的语调说出来，就可以表达不同的意思。既可以是命令，也可以是疑问。重音位置的不同也会产生不同的语用含义，例如："这件衣服看上去很好！"如果重音在"看上去"，其寓意就是"实际上不怎么样"；如果重音在"很好"上，则是对衣服的褒扬了。

语速的快慢和停顿时间的长短，同样会给跨文化交际带来误解。一个人说话之后停顿多久，不同文化背景的人也有不同的理解。

1.2　词汇方面的失误

汉语中有很多同义词，虽然构词形式和基本含义相似，但使用范围和搭配对象却有很多差别。外国学生在词汇方面的失误主要是用词不当，如有的外国学生问中国的汉语老师："你的老婆是做什么工作的？"这里就应该把"老婆"换成"夫人"或"妻子"更为得体。有的外国学生对中国的汉语老师说："老师，你很肥。"外国学生不知道汉语"肥"和"胖"的使用对象是不同的，指人时应用"胖"而不是"肥"。

其实，"胖"这个词在汉语和德语中的意思都是"脂肪多"，但是在汉语中还有传统和现代两种隐含意义。传统的含有富足的意义，现代的含有不注重体型的意义，现代的"胖"与德语中的"胖"的意义相同。[①]

1.3　语义方面的失误

外国学生由于不理解汉语的上下文语境，所以有时不能掌握其正确的语义，常常会"张冠李戴"。比如：我们用"不方便"来形容腿脚有毛病，行走不太利索，但这一用法外国学生很难掌握。因为"不方便"一词的语义是"不便、没有时间或不想做某事"，所以"李奶奶不方便下楼，经常让他的孙子去取牛奶"这句话会让外国学生产生"李奶奶觉得麻烦，所以让孙子去

---

① 刘荣，廖思湄. 跨文化交际 [M]. 重庆：重庆大学出版社，2015.

取牛奶"这样的误解。

中国人受儒家思想等传统文化的影响，倾向于含蓄内敛，交流时喜欢使用一些模糊表达，如"也许、可能、大概、差不多、基本"等，起到平缓语气、表示客气的作用。西方人则不然，他们说话开门见山，直截了当，模糊表达给他们的印象是模棱两可、首鼠两端。因此在进行跨文化交际的时候用模糊表达常常会产生误会。比如：中国人说的"我尽量去"，译成英文是"I will do my best to..."这种模糊表达其实是一种策略，隐含婉言谢绝之意，不至于伤害对方的面子，万一完不成任务，也有台阶下。但西方人却会把这种措辞误认为肯定的回答，因为"1 will do my best to"表示"我一定会尽量克服困难完成任务"。

1.4　称呼语的失误

不同文化有不同的称谓体系。当人们交流的时候，称呼对方不仅表明交际的开始，也表明交际双方的关系。中国人"父子有亲""长幼有序"①的观念在称谓上体现得淋漓尽致，在汉语里，亲属称谓是非常普遍的，几乎所有表亲属关系的词均可用作称谓词。但西方国家对亲属的称谓并不多，只有父母和祖父母等几个称谓。汉语中的亲戚称谓如"舅舅""叔叔""姑姑""姨姨"等，在英语中统称为"uncle""aunt"。由于汉语中复杂的亲属称谓在英语等语种里很难找到准确的对应词，就容易造成跨文化交际失误。

在中国，人们喜欢用亲属称谓去称呼别人，诸如"叔叔""伯伯""爷爷""奶奶""姨姨""婶婶"等。外国人在学习中国的这种称谓方式时，如果没有掌握好称呼的场合和被称呼人的身份等，就容易出现失误。一位中国汉语教师初到美国，当他称呼房东老太太"奶奶"时，对方不愿领受"奶奶"的称呼，而让汉语教师直呼其名。操英语的本族人之间，老者有时会称呼年轻人为"son"（儿子）以表示亲切，并没有侮辱的意思。可是在汉语里，称年轻人为"儿子"是不可容忍的。

---

① 出自《孟子·滕文公上》。

在公共汽车上一位年轻人为一位老人让座。

年轻人说："奶奶，请您坐在这里吧。"

老年人回答："谢谢你，小伙子。"

这种场景在中国是司空见惯的，中国老人对于年轻人的这种亲切的称呼欣然接受。而当这位老年人是西方人时，不仅会拒绝接受年轻人的让座，而且还可能会对年轻人说："我有那么老吗？"欧美国家的老人一般接受别人称呼他们"Sir"（先生）、"Madam"（女士）。

西方人为了向对方表示亲切，晚辈与长辈以及上下级之间都可以叫名字，甚至孩子对父母也可以直呼其名。外国的汉语学习者如果把这种习惯套用到汉语中，对老师直呼其名的话，在中国人看来就是不礼貌的了。因为中国人素来讲究尊老爱幼、尊师重教，直呼长者姓名被视为大忌。

汉语与英语在用姓名称呼对方时也有不同之处，汉语中人的姓名书写与英语正好相反：汉语是"姓"在前而"名"在后，英语则是"名"在前而"姓"在后。于是许多人错把"名"当"姓"来称呼，比如称未婚妇女"Susan Brown"（苏珊·布朗）为"Miss Susan"（苏珊小姐），或不加任何称谓直呼对方的姓"Brown"（布朗）。还有在表示职务和身份的词如"teacher"（老师）后加姓当称呼使用等。

在中国文化中，称谓的基本形式是"姓+称谓"，比如"王先生、李小姐、大卫先生"等；而在西方，称谓的基本形式却是"称谓+姓"，比如"Mr. Brown""Miss Green"。在跨文化交际中，类似"先生王""小姐李"等等，都是生搬硬套。在汉语中，我们可以尊称姓王的老师为"王老师"，但如果套用汉语模式，称呼外教"John Smith"为"Teacher Smith"，就不符合英美人的习惯了。

另外，中国人称呼别人时常常把对方的行政职务加上，如王主任、张经理等，但在英语中却不宜使用"Director Wang""Manager Zhang"。

1.5 招呼语的失误

见面打招呼，彼此问候，这在世界各国都是一样的，但表达方式却有所不同，容易导致误用。比如，中国人见面喜欢问"吃了吗？""去哪儿？""干啥去？""去哪儿了？""你好！""你早！""早上好！""晚上好！""新年好！""恭喜发财！"等等。英美人使用的招呼语则是"Good morning！""Hello！""Hi！""How are you doing？""How have you been？""Lovely day，isn't it？"等等。

"你好！"是绝大多数基础汉语口语教材都会教的第一句话，一般解释是中国人最常用来打招呼用的，不受时间的限制。于是有的外国学生学了这句话后就不分时间、地点、场合和对象都说"你好！"。但中国人一般是用在主客双方第一次见面时，或用于交际双方久别重逢时，而并非每次见面时都说"你好"，也不是对所有人都说"你好"。教师应向学生说明这句话的使用环境和使用对象。

如果中国老师对外国学生说"吃了吗"，外国学生会莫名其妙，或认为说话人想请他吃饭。在英语国家，"你吃了吗"有建议或邀请对方一起吃饭之意。如果他们听到这样的问话，却发现对方并无请客之意，可能就会感到困惑和不满，觉得对方不真诚。在韩国和日本，询问对方是否吃过饭则常常被理解为"你有生活能力吗"或"你有钱吗？用不用请你吃饭？"，因此，这样问可能会让对方产生被看不起的猜测。其实，"你吃了吗？"在汉语中既可表达想与对方一同进餐之意，也可以是一句单纯的招呼语。中国人当然可以根据语境和语感灵活处置，而外国学生却往往因其对汉语招呼语的了解不足而产生误解。

同样，对中国人来说，见面时所说的"去哪儿？""干啥去？"也仅仅是在打招呼，但在西方人看来却有打听别人的隐私之嫌。

英文中的招呼语"Good morning"（早上好）适用于早上起床后至午饭这段时间，在正式和非正式场合都可以使用，可是它和汉语中的招呼语"你早"并不完全对应。"你早"在中国一般用于起床后至早饭这一短暂的时间段，"早睡早起"是中国人的养生之道，也是中国人勤奋的标志之一，因此"你早"在汉语中还蕴含褒扬之意。

有位孔子学院的老师见到外籍老师上完课，就热情招呼说"你好，辛苦了！"外籍老师听了却一脸的不高兴。中国老师的本意是在表达对外籍老师的关心和问候，但外籍老师却没能理解中国老师的意思，因为在他们国家只有无法胜任这门课才会感到辛苦。[①]

初次见到远道而来的朋友，汉语习惯的问候用语是"您辛苦了！""旅途劳累！"等。而英语的得体问候语是"Nice meeting you." "Glad to see you."等。

称谓型招呼语是汉语所独有的。中国人见面时可以用"小张""老王"之类打个招呼，无须有下文。但很多外国人不知道汉语的这种用法。因此，当外国学生听到中国人叫他的名字时，要么停下来等待下文，要么就主动问对方有什么事。国际中文教师应该对外国学生感到疑惑的招呼语加以解释，以消除他们的不解。

1.6 致歉语的失误

致歉是交际过程中的一种补救措施，可以有效地恢复交际过程中双方的关系。如何致歉和接受道歉，也是跨文化交际的重要内容。

汉语中常见的致歉语有很多，如"对不起""真对不起""失礼了""失陪了""失敬了"等等。汉语中有些致歉语在英语中也能找到对应的形式，比如"Sorry for the inconvenience."（很抱歉给您造成不便）、"I apologize deeply for taking up your time."（耽误你时间了，我向你深表歉意。）等等。

不过，由于中国和西方文化的差异，两者的致歉语也是有差异的。比如在中国使用的"对不起"对应西方国家的说法有两种，一种是"sorry"，一种是"excuse me"。前者用在不小心冒犯了别人时，例如在公交车上不小心踩到了别人的脚；后者用于向陌生人问路或是打断别人谈话时。而在中国则没有这样的分类，"对不起"可以在所有的场合中使用。另外，中国人在打断别人说话的时候，常常会说"对不起，耽误了您的时间"。西方国家的人通常会感到困惑：难道我被打断帮助你就是在耽误时间吗？

---

① 案例出自河南大学王寅的硕士学位论文《跨文化交际中的语用失误分析》。

汉语通常用"没关系"来回答"对不起",但是在英语里"It doesn't matter"不能用来回答"I'm sorry",而应该用"Not at all""That's all right""No problem"等。如果用汉语的习惯来套用英语致歉语,就难免会造成交际失误。

1.7 邀请语的失误

在中国,当人们准备邀请一个人的时候,会给受邀者一个确定的时间,但是受邀者有时会以一种模糊的方式做出回应,比如"马上就到""你们先吃,我下班后尽快赶到"。对此,人们总是抱以理解的态度,认为很正常。

在中国,人们还经常使用以下对话方式:

> A:明天来我家吃饭吧。
>
> B:不了,太麻烦你了。
>
> A:没事儿,来吧,都是现成的。
>
> B:还是不去了,不想给你添麻烦。
>
> A:一点儿也不麻烦,你来不来我都得吃饭啊!来吧,要不我就急了。
>
> B:那好吧,简单点儿,随便吃点儿就行。

可以看出,这是一个非常中国式的邀请和回应,尽管拒绝看起来有些虚伪,但这正是中国式的礼貌。如果换成欧美国家的人,听到一个拒绝的回答后,肯定会误解,认为对方不给面子,不再邀请了。在中国,即使愿意接受邀请,也要习惯性地推却几次,并用模棱两可的词语做出回应,以此来表示礼貌。但对欧美国家的人们来说,一次拒绝就是肯定的拒绝了。

中国人的邀请大体上分为两种情况,第一种情况是"好久不见,一起吃个饭吧"。第二种情况是"挺长时间没见了,明晚六点上聚仙楼喝一杯"。显而易见,第一种情况仅仅是出于客套,实际上并非真的想请对方吃饭;第二种情况说出了具体的时间和地点,是发自内心的邀请对方吃饭。不过,对于外国学生而言,往往会因为不理解中国文化的语境而分不清,甚至会误认为邀请缺乏诚意,从而造成跨文化交际失误。

如果一个西方人想办聚会，他常常会提前一个星期甚至一个月邀请他的朋友。如果他的朋友是一位中国人，那么这位中国人或许就不能确切地给予答复，难免会产生误解。

在中国，主人在招待客人时常常有以下情况：

> 主人："先喝点儿茶吧！"
> 客人："不要忙了，我不渴。"
> 主人："没事儿，喝点儿吧。"
> 客人："那麻烦您了，谢谢。"

即便是中国人需要喝点儿什么，也会出于礼貌拒绝一两次。根据中国文化的交流习惯，客人的回答并非拒绝，而是一种礼貌。

1.8 告别语的失误

在交际结束的时候，交际双方自然会用到告别语，比如：

> 客人："时间不早了，就不耽误您的时间了。"
> 主人："没事儿，再坐会儿吧。"
> 客人："不了，您挺忙的，就不打扰您了。我先走了。"
> 主人："好的，您慢走。"
> 客人："您回吧，再见。"
> 主人："再见，多保重。"

上面就是中国式告别语。

在欧美国家，客人准备离开时一般会说："和你谈话很高兴，但是我得离开了，因为明天早上还得早起。"

当客人离开时，中国人的告别注重表达关切之意，中国主人会说"慢走"等。欧美国家的人会站在门口，微笑着送走客人。

1.9 恭维语的失误

恰当的恭维有利于促进跨文化交际，但如果使用不当，就会造成失误。在中国，由于人们受到传统文化的影响，习惯于自谦。比如"哪里哪里""过奖了""不敢当""这没什么"等等。这些话表面上是否定对方的恭维，实际上却在表达对恭维者的感谢。但是在西方国家，这样的回答会令人不解。在西方文化中，对别人的称赞和表扬，礼貌的回答是"Thank you"。

西方人的恭维是广泛存在的，不仅女士可以赞美另一位女士相貌美丽，男士也可以赞美她。然而在中国，由于传统文化的影响，赞美女性外貌仅仅局限于女性之间；如果一位男士赞美中国女士美丽，很可能会引起女士的紧张。但在西方国家，女士被男士们赞美是生活中稀松平常的事情，女士们对于男士的赞美会欣然接受，并礼貌地给予回应。

中国文化中的礼貌，可以说是建立在阶级差异基础上的，其核心是"卑己而尊人"[①]。而西方人却恰好相反，他们信奉个人主义至上，在他们眼中"人生来就是平等的"，并无贵贱之分。当西方人受到夸奖时，总会流露出高兴的神情说一声"Thank you"表示接受。反之，则被视为无礼。

爱听好话是人们的普遍心理，因此恭维语在中西方社会都颇有市场。但由于规则有别，所以一种文化的恭维语在另一种文化中未必适用，甚至还有可能被理解成相反的意思。曾有一位去中国人家里做客的英国学生，面对主人丰盛的饭菜，兴奋地说："我可以全部吃了！"他本想表达对菜肴的欣赏，但这句话在中国人听来可能会产生误解，以为客人嫌菜不够吃。造成尴尬的原因是英国学生简单套用了母语的恭维方式进行汉语表达，结果导致误解。

又如有的外国学生在得到中国老师表扬时说："老师，您别拍我的马屁，我的汉语水平还差得远呢！"这也是外国学生对汉语恭维语的一种误用。

总的来说，中国人相对含蓄，追求只可意会不可言传，一般较少使用恭维语，即使用，也常常限于熟人或少数人的范围。西方人则比较开朗，喜欢

---

① 出自《礼记·表记》。

称赞别人，像"很高兴见到你""很高兴与你谈话""你非常可爱"之类的恭维语，几乎是脱口而出，这正体现了中西方的文化差异。

1.10　请求语的失误

在汉语中，有明显标志的请求语有"麻烦您""劳驾您""请您""能不能""可以吗"等。这些请求语多用于陌生人之间或者下级对上级之间，不过"请"在汉语请求语中的使用频率并不高。在上级对下级、长辈对晚辈之间表达请求，可以不用表示礼貌的词，如一个经理可以直接要求职员"给我一杯咖啡"，或是"把那份材料给我"；再如母亲对儿子说："把盐递给我。"职员和儿子也接受这样直接的请求，并不会感到不妥。但在欧美国家，这样的直接请求不仅会被他们认为缺乏礼貌，还会被他们认为是一种冒犯。

在熟人之间和关系比较密切的朋友之间，汉语的请求语更带有某种命令的意味。比如："你一定要帮这个忙！""明天你得把东西给我带来！"这类请求语在西方人看来是比较无礼的。中国人常常用表示祈使和命令的词语来表示请求，辅以一定的称呼语，以示并非命令。

而欧美国家的人在表达请求的时候，则不分上下级，也不分长辈和晚辈，一律使用礼貌用语。他们会使用疑问句和提示性的问句让指示的意味不那么明显。例如：

Excuse me, I am wondering if you could help me. Could you please close the door?（对不起，我不知道您能否帮个忙？能请您把门关上吗？）

2　非语言层面的跨文化交际失误

非语言层面的跨文化交际主要有体态语、副语言、客体语、环境语等方面，因文化差异的广泛存在，不同文化中非语言交际的方式也大相径庭，所以在跨文化交际中因非语言交际失误所引起的失误屡见不鲜。其中既包括交际行为的失误，也包括交际方式的失误。

2.1 体态语的失误

体态语也就是常说的肢体语言，在交际中有时会伴随语言行为同时出现。体态语的失误指的是在交际过程中，由于任何一方的动作或者姿态的不合适而导致的交际失误。例如：手心向外的 "V" 手势代表胜利或成功。反 "V" 手势是手心向内的 "V" 手势，这种手势在国外的共识是一种侮辱人的不文明手势，有类似轻蔑、瞧不起别人、"见鬼去吧" 的意思。英国前首相丘吉尔和铁娘子撒切尔夫人（Mrs. Thatcher）都曾经误用反 "V" 手势表示胜利，从而成为笑柄。

在大多数国家，如中国，竖起大拇指常常表示 "很好，佩服" 等意思，但是这个手势在澳大利亚则表示骂人，在希腊和意大利，向上竖大拇指也意味着 "滚蛋" 等含义。我们常用大拇指和食指组成的 "O" 形表示 "零"，而英美国家的人们习惯用它表示 "好，一切顺利"。法国人微笑时，这个手势表示 "一切顺利"，而皱着眉头时，则表示 "没有" 或者 "零"；日本人则通常用这个手势表示 "日元"，而希腊人和俄国人则认为这是一个很不礼貌的动作。手势是国际中文教师运用最多的身体语言之一，因此如何运用好手势来教学和交际也是一门学问。

又如发生在成人短期国际汉语班里的案例，一名中非男生用本国打招呼的友好方式，即用肩膀去撞一名来自东南亚的女生的肩膀，结果该女生误以为是骚扰她，惊恐万分地跑进办公室告状。

体态语和有声语言一样，也是文化的凝聚体。在人际交往中人们常常在无意识的状态下做出一些非言语行为，却忽视了这些非言语行为背后所代表的文化内涵，若不引起注意，在跨文化交际中势必产生误会乃至冲突。比如耸肩是许多英语国家常见的身势动作，它表示 "我不知道" "我也没办法" 之类的意思，而在中国，表达这一含义的习惯动作是摇头或摆手。不了解西方文化的人会对他们的这一动作百思不得其解，从而造成交际失败。再如，人们都知道点头 "Yes" 摇头 "No"，但希腊人却是用 "摇头" 表示 "Yes"，而用面部向前、头部向后仰的动作来表示 "No"。这种行为当然与美国和英国文化中类似行为相去甚远，所以如果把应对英美人的方式套用到与希腊人的交流中就可能失败。另外，在土耳其、伊朗、保加利亚和印度的部分地区，人们用类似钟摆似的轨迹摇头来表示肯定。埃塞俄比亚及其他地区的人却将头向一侧扭转后回到原点来表示否定。

再比如说亲吻，它是西方人表示关系极其亲密的体态语，受到性别、地位、年龄、亲疏、道德，甚至法律等多种因素的制约。在欧美，辈分高的人吻辈分低的人额头，男子对女宾吻手背，而辈分相同的朋友、兄弟姐妹之间，只是脸颊相贴，只有情人之间才嘴对嘴地亲吻。但在中国，这种体态语却只限于大人对小孩、夫妇和恋人之间。

2.2 副语言的失误

副语言的失误是指对沉默、话轮转换的把握不当，或是对一些非语义的声音使用不当而产生的误会，导致交际失败。

在对待沉默的态度上，中国和很多英语国家的人迥然不同。在跨文化交际中，英语国家的人感到很不习惯的是中国人经常采取的沉默态度，比如中国人在饭菜上来以后交谈很少，这与中国人"食不语，寝不言"①的传统不无关系。而英语国家的人的观念却是吃喝本身并不重要，请客吃饭只是提供一个社交谈话的机会而已。

副语言的失误有时会体现在话轮转换之中。比如，日本人和西方人的谈话方式是截然不同的。在日本，谈话者在进行话轮转接时，要讲究先后顺序、地位尊卑以及与前一位发言者的亲疏远近程度等。所以，和日本人交谈时要按照这样的谈话习惯，耐心地等待轮到自己。在轮到自己表明观点之后，再等待别人发起下一轮谈话。而西方式的谈话则不会按照顺序、社会地位或者亲疏关系来进行，而是以一种自由随意的方式来交谈，不必等待别人把话说完，你就可以接着发表自己的看法。所以，作为国际中文教师，如果在与日本人的谈话中像西方人那样直接插入自己的想法，会令日本人感到吃惊。

再如，对于反馈性声音，不同的文化也有不同的理解。有这样一个案

---

① 出自《论语·乡党》。

例：美国俄亥俄州立大学留学生处的管理教师说，中国学生因房子问题去找他们，他们耐心地做了说明。这些中国学生一边听，一边点头说"嗯，嗯"。他们原以为中国学生已经同意他们的看法，后来才发现并未解决问题。原来美国人在这类事情上是一定要表明态度的，而中国人却不明确做出反应，中国学生反馈的"嗯嗯"，其实只是表示在认真地听，并不表示同意，因此产生了交际失误。

2.3　客体语的失误

客体语的失误在跨文化交际中也屡见不鲜，这里简要加以说明。

人们对本文化圈的人的身体气味往往习焉不察，而对其他文化圈的人的气味却很敏感。在跨文化交际中，英语国家的人可能会忌讳怪味。有些中国人对自己的体味不太注意，比如吃过葱、蒜、韭菜等气味较重的菜之后，不注意清除口气，在跨文化交际中就可能会引起对方反感，造成交际障碍。西方人无论男女都喜欢使用香水来掩盖自身的体味，以示对对方的尊重。而中国人却不喜欢浓郁的香水味，尤其对男士使用香水不能接受，会认为有点儿娘娘腔。

日光浴是西方人的习惯，人们喜欢在晴朗的日子穿上游泳衣，躺在户外草坪上或海滩上，让太阳暴晒自己的皮肤，以晒黑的皮肤作为健康的象征。而中国人却不理解这一习惯，在中国人看来，白皮肤是美丽的标志之一，把天生的白皮肤晒黑十分可惜。

衣着服饰也是非语言交际的一种重要形式，其文化差异也是导致交际行为不得体甚至失败的原因之一。中国传统服装的制作方式是以整片式平面裁剪为主，结构简洁，以直线为主，在造型上统一、规矩、平稳，较少变化。这与中国人的传统审美是密切相关的，"犹抱琵琶半遮面"才是最美的状态。西式服装则是立体紧窄式的，服装紧贴人体，能使人体曲线毕露，充分显露人体的体型。因此，中国传统服装的审美观念是一种重"意"轻"形"的隐喻文化，与西方服装的重"形"轻"意"有着本质上的区别。

2.4 环境语的失误

环境语包括空间信息、时间信息等。环境语的失误就是指对空间信息、时间信息的处理不当。罗杰·布罗斯纳安（1991）通过调查对比发现，中西方文化差异表现在中国文化的聚拢性和英语国家文化的离散性。因此，在空间方面，英语国家的人对待拥挤的态度和中国人不一样，英语国家地域空旷，人烟稀少，他们对自身空间的需求明显，强烈抵制他人侵犯自己的领域。在拥挤的公交车内，英语国家的人会不习惯，竭力避免与人碰撞，而中国人却习以为常。

英语国家的人对中国人排队时的拥挤现象很不习惯，认为中国人在排队时相互站得过近，而他们排队的特点是与身体前后的人都保持一定的距离，不愿与人接触，甚至不惜以粗暴的举动阻止他人触碰自己。由此可见，不同文化背景的人对空间距离的要求也会不同，最突出的是，西方人不习惯距离太近，而中国人的交谈距离小于西方人。在跨文化交际时如果忽略了这一点，不利于交际的顺利展开，甚至会产生误解，从而形成交际障碍。

世界各国人们的时间观念各不相同，在不同的文化中，人们对遵守时间的态度也大相径庭。这一点从人们做事情的速度上就可以看出，比如美国人总是匆匆忙忙的，他们不愿意在吃饭上浪费太多的时间，所以快餐首先在美国出现，"时间就是金钱"这句话也伴随着美国人的成长；而中国人对待时间的态度却不同，认为"欲速则不达"。当然，随着中国的改革开放，"时间就是金钱"的观念也日益深入人心。

中国人在时间观念的精确度上不如西方人。中国人约时间一般都是一个大致的时间范围。西方人则认为时间是每个人从生到死的有限资源，在日常生活中起着关键的作用。为了充分利用有限的时间，很多活动安排都制定严格的计划，需要提前预约，谈判、约会等的时间都非常精准。

相比之下，印度人不强求在一定的时间内必须完成某一件事，可以延后、推迟，最后完成这件事就可以了，比约定的时间延后一两个小时也司空见惯。

中国文化和阿拉伯文化都有几千年的历史，也都比较重视历史，但在时间取向上却有较大的差异。中国的传统文化深受儒家和道家思想的影响，主张回归自然，回归传统。中国人有着对几千年灿烂文化的强烈自豪感和崇拜祖先的传统，是以史为鉴的文化典范。在中国社会中，"思古知今"和"温故而知新"等思想都是基于过去取向的时间观念。"历史是现实的一面镜子"是每个中国人耳熟能详的警句，"以史为鉴"一直影响着人们的思维方式和行为方式。而阿拉伯的传统文化却侧重于现在，他们认为，只有真主才知道未来的事，因此人们不愿意对将来的事进行过多的预测，甚至认为畅想未来是愚蠢的。土耳其有句著名的谚语"Better an egg today than a hen tomorrow."（今日一个鸡蛋胜过明日一只母鸡。）就印证了这一时间观念。了解阿拉伯人的时间取向，我们才能在与他们进行跨文化交际时避免可能出现的误解。

3　产生跨文化交际失误的原因

在国际中文教学中，产生跨文化交际失误的原因是多方面的，主要有以下几种：

3.1　不同的文化价值观

在文化的诸多因素中，价值观是社会文化的直接体现，因此文化价值观在跨文化交际中起着非常重要的作用。每一种文化都有自己独特的价值观。如中国人重视血缘，认为血缘关系是社会关系中最重要、最牢固的关系，所以中国人之间常常使用有血缘关系的称谓，而在跨文化交际中，如果为了拉近关系而对西方人使用血缘关系称谓，则会适得其反。同时，中国人重视集体主义，个体的理念和情感都依附于集体，通常不突出个人，所以以谦虚为美德，在跨文化交际中也习惯性地大量使用自谦语；西方人则主张个人英雄主义，注重个人权利和个性发展，每个个体都有自己的想法，崇尚"人人生而平等"。因此，西方人不论年龄和社会地位一律可以直呼其名，即使是孩子对父母也不例外。作为国际中文教师，如果在跨文化交际中碰到西方学生对自己直呼其名，估计还是很不习惯的。

由于中国人崇尚集体主义，所以情感表达较为含蓄。当需要对某些事情做出判断时，中国人经常会以"不确定"答复。即便是因为自己的能力受到了恭维，也会习惯性地表示否定，以显示自己的礼貌。这在西方人看来却是不负责任的，因为他们喜欢直接对事情进行判断，将意思表达出来，使听者理解。但在中国，人们的表达方式却是间接的，往往会用一些简单的语言来表达自己的想法，具体的信息要听者自己领会，有时会出现"说者无意，听者有心"的问题。在跨文化交际中，中西两种不同的文化价值观，在这方面很容易产生交际失误。

不同文化背景下的价值观不尽相同。比如，同样是"个人主义"（individualism）一词，中国人理解为"自私自利、不顾集体利益"等强烈的贬义；但是西方人却理解为"个性、不依赖他人、独立、依靠个人力量奋斗"等褒义。由于西方的文化价值观特别重视个体，所以人们非常注重个人的隐私，这是个人主义最具特点的表现形式。正因如此，在西方涉及个人隐私的话题是被禁止的。但在中国却没有这样的问题。中国人即便是第一次见面也可互相了解对方的个人情况，诸如工作、婚姻状况等等，以表示亲切和关心。中国过去是宗法社会，一个人的情况是可以分享到整个家族中的。因此，在跨文化交际过程中，尤其是和西方国家的人们交流时，稍不留神就会侵犯到他人的隐私。在国际中文教育领域，外国学生很不习惯中国老师询问其私事，即使是出于工作需要，他们也会觉得这些属于个人隐私而不方便说。另外，外国学生对于老师公布其学习成绩或者考勤等也很反感。

3.2 不同的思维方式

不同的文化背景必然造就不同的思维方式，而不同的思维方式又决定着不同的交际行为，这一点也是导致跨文化交际失误的一个重要原因。

一般来说，中国人强调先整体后局部，汉语表达时间和空间都是从大到小，比如在时间上表现为从年、月、日到具体的时刻这样的顺序（如2024年1月23日上午10点）；而英语则是从小到大（at 10:00 am on Jan. 23 2024）。

东方文化的思维方式表现出归纳和知觉整体性，这一点也是中国传统文化思维的特征，而西方文化的思维方式则注重演绎和逻辑分析。在个人陈述中，西方人习惯于先摆观点进而进行实证；而中国人则习惯先罗列细节，再总结观点。

3.3　不同的道德标准

道德标准是指导并约束某一社会群体内人们行为的规范，也是文化发展的必然产物，是社会文化的有机组成部分。在日常生活中，哪些行为是得体的，哪些行为是不得体的，不同的文化有不同的道德标准。道德标准的差异也是造成跨文化交际失误的重要原因之一。

中国的道德标准受到传统思想的影响，而传统思想又主要来源于儒家思想，它影响了中国人生活的方方面面。

中国社会有着尊老敬老的传统，"长者为尊"的观念根深蒂固。"老"代表着阅历丰富、见多识广。人们在称呼地位较高或者年龄较长的人时，多用"老"，如"老人家""老先生""老前辈"等。"老"用在姓氏之后更是对德高望重之人的尊称，如"张老""李老""王老"等。但是在英语国家大多忌讳"老"字，因为"老"意味着老而无用，所以称呼对方"老"是很不礼貌的，直接称呼对方"先生""女士"即可。

由于尊老爱幼是中国的传统美德之一，所以我们经常可以看到在公交车上给老弱病残让位，或帮助老年人过马路，而老年人也乐意接受这种帮助。但是在西方国家，人们很难接受这种中国式的帮助。西方国家的老年人更乐于体现自己的价值。所以西方的老人不喜欢别人称其为"老人"（elderly people），在美国都用"senior citizens"（年长的公民）这一委婉语来指代老人。

在跨文化交际中，如果忽视交际双方不同的道德标准，就很可能造成交际失败。

3.4　不同的风俗习惯

风俗习惯是一个社会集体或一个阶级所共有的公众习惯。不同文化背景下的风俗习惯都有特定的表现内容和要求。因此，在跨文化交际中常会出现由于不了解对方的民俗习惯而产生交际失误。

以中西方的饮食文化为例。在中国，用餐时强调共同参与和热情款待，主人需确保客人得到妥善照顾，如不断为客人夹菜，并让客人先于自己离开餐桌。而在西方国家，宴席上通常只为主人夹一次菜，其余由客人自行享用。此外，中国人喜欢热闹的用餐氛围，而西方人则偏好安静、优雅的环境。这些差异反映了中西方饮食文化的不同习俗。

3.5 文化负迁移的影响

目的语与其他先前获得的任何语言（母语）有很多不同之处。迁移现象不仅发生在语言系统内部，还出现在文化系统中。母语文化对跨文化交际过程的干扰即文化负迁移。由于人们在母语习得过程中已经形成了自我认同，在跨文化交际中，这种母语文化模式会潜意识地成为对其他文化进行评价的出发点和参照系，所以它会在第二语言学习中不可避免地表现出来。

例如：

A：Thank you.

B：It is my duty to do so.

一位外国游客（A）在中国学生（B）的陪同下参观了八达岭长城以后，外国游客对中国学生表示感谢，中国学生对此进行了回应。"Thank you"是英语中最常用的表示感谢的话，由于对方做了一件有益于自己的事情，向对方表示感谢。B的答语"It is my duty to do so."（这样做是我的职责）。中国学生把汉语的答谢习惯迁移到了英语中，外国游客对此表示惊讶。在英语国家的表达系统里，他期望听到类似"It is my pleasure."（这是我的荣幸）这样的回答。中国学生的回答有可能会让外国游客理解为"不用谢，因为这是我的职责"。这种回答显然是过于职业化和程式化了。

在跨文化交际中，把母语的表达方式套用到目的语中，从而使跨文化交际中的另一方产生误解的情况不胜枚举。例如：中国人在告别时喜欢说"您

慢走""路上小心"等，译为英语就是"Go slowly""Take care"，而英语
国家通常会用"See you""Good bye"作为告别语。汉语的告别语"慢走"
常会让英美人感到不快和困惑。

4　应对跨文化交际失误的对策

对于国际中文教师来说，要想有效地规避跨文化交际中的失误，我们可
以从以下方面着手：

4.1　加强语言学习，减少跨文化冲突

在从事国际中文教育的过程中，教师对对象国语言的学习是至关重要
的。因为在跨文化交际中，语言仍是最主要的交际手段。对对象国的语言学
习，对于真实、具体地了解一个国家是必不可少的。如果对对象国的语言一
窍不通，那就很难避免跨文化冲突了。

4.2　用跨文化交际知识来理解异质文化

对中外文化差异的了解和跨文化交际知识的学习，可以有效地减少跨文
化交际失误，促进跨文化交际的顺利进行。

一般来说，国际中文教师对本国语言文化的了解比较深入。如果出国任
教，最好在出国前学习一些相关国家的国情知识和风土人情常识；还可以通
过影视和网络做进一步的了解，做好必要的文化和心理准备。

跨文化交际的过程本身也是深入了解异质文化的过程。国际中文教师要
经常阅读一些反映相关国家政治、经济、历史、文化、宗教、风土人情等方
面的书报资料等，以加强对相关国家文化的了解，完善跨文化交际知识。

4.3 以同理心对待异质文化

作为国际中文教师，首先要对本国文化充满自信，充分了解，同时又要对其他国家的语言文化抱有同理心。在跨文化交际的过程中，中国文化应与世界进行"生成性对话"，正如乐黛云（2013）所说，这样的"对话"需要对自己的文化有充分自觉，对别人的文化也要有同情的了解并做出自己独特的、有益的解释。

4.4 对自身文化要有充分的了解

在跨文化交际过程中，国际中文教师不仅需要了解对方的文化特征，还要对自身文化有一定的自省意识，楼宇烈（2016）认为，"跟世界交流，要有自己文化的主体，只有树立起自己文化的主体意识，才能更好地跟世界文化交流。"文化自信是一个国家、一个民族发展中最基本、最深沉、最持久的力量。

4.5 适度地入乡随俗

作为国际中文教师，还要适度地入乡随俗。如更好地去理解师生关系。中国有句俗话："一日为师，终身为父。"日韩两国的学生对师生关系的认知与中国人大体接近，而来自欧美国家的学生却不同。国际中文教师在与欧美学生聚餐时，有时是AA制。教师应给予充分的理解，并愉快地与学生聚餐。

思考题

1.语言层面的跨文化交际失误常发生在哪些方面？

2.举例说明称呼语、致歉语、告别语、恭维语等方面的跨文化交际失误。

3.非语言层面的跨文化交际失误主要有哪些？

4.举例说明体态语、副语言、客体语、环境语的跨文化交际失误。

5.产生跨文化交际失误的原因有哪些？请举例说明。

6.应对跨文化交际失误有哪些对策？

第6章 中外文化交流

1 中外文化交流概说①

中国是世界文明古国之一，也是一个具有与世界各国人民进行友好交往优良传统的国家。据《史记》记载和古代传说，中国的中原民族与远方民族的交往可追溯到夏禹时代，禹在会稽山大会诸侯，其中就有非华夏的夷狄之君。周武王克商之后，又有九夷、百蛮来朝贡。②此外，秦朝还有徐福东渡日本的传说。不过，从这些并不十分可靠的零星材料来看，早期的文化交流，有的是远方民族到中原地区朝贡，还不是双方地位平等的交往，而且在交往的范围和程度上也是极其有限的。从历史上看，真正意义上的中外文化交流，是从汉武帝时开始的。

公元前139年，张骞奉汉武帝之命出使西域，相继亲历大宛、康居、大月氏、大夏。公元前119年，他又出使乌孙，并派副使出使大宛、康居、大夏、安息等地。这之后，汉武帝又多次派使节到西域出访交流。这些外交往来发展了西汉同西域各国的友好关系，促进了经济、文化的交流与发展。

公元73年，东汉班超奉命率36人开赴西域，历经数年，为巩固汉朝在西域的统治，保护西域各族人民安全和丝绸之路的畅通，立下大功。在班超任西域都护使时，曾经命甘英出使大秦（罗马帝国）。甘英率使团行至波斯湾，为大海所阻而返回。使团虽未到达大秦，但沿途的访问和外交活动，加深并促进了东汉与中亚各国的文化了解和贸易往来，增强了当时对这些国家的认识。公元166年，大秦商人以国王安敦的名义，自日南（汉代郡名，在今越南）徼外（指中南半岛海外）来到中国，将象牙、犀角、玳瑁等礼品献给

---

① 本章讨论的中外文化交流史的时间跨度为公元前 139 年到 1919 年。

② 出自《国语·鲁语下》。

汉桓帝，从此两国有了直接贸易。[①]

　　自从丝绸之路开通，汉朝的丝帛、漆器、铁器以及开渠、凿井、铸铁等技术，随同出行的汉使传往西域各国，而中亚、西亚的许多农牧土特产品也随同东行的使者传入中原地区。西域的音乐、舞蹈、杂技也随之传入中原地区，风行汉代社会。张骞带回的"胡乐"，是汉武帝钟爱的"新声"；琵琶、箜篌、觱篥、胡笳、胡角等乐器都在汉代进入了中原地区，为中国传统的歌舞乐调带来新的发展因素。杂技中如走索、倒立、舞巨兽及一些幻术，也都是从西域传入。到东汉后期，西域文化在社会上已有较大影响，胡服、胡帐、胡床、胡饭、胡乐、胡舞等成为时尚。

　　丝绸之路的开通，也使佛教传入了中原地区，即通过大月氏、于阗等使节和僧侣而踏上东行之路。最早在中原地区传授佛经的是西汉时来自大月氏的使者，东汉初，天竺（古印度）、月氏、康居、安息等各国高僧相继东来，开启了中国古代伟大的佛经翻译事业。魏晋以后，佛教势力逐渐扩大，不仅给中国文化带来深刻影响，也使中国成为向日本、朝鲜等国传播佛教的基地。

　　魏晋南北朝时期的动乱，也不曾中断中外文化交流。对长江以南地区的开发，使中国具有更强大的经济实力。三国时吴国对岭南[②]的经营，使广州日渐成为中外海上交通的重镇。法显从陆路越葱岭西行天竺，后取海道返回，他著有《佛国记》，促进了中外文化交流，也留下了宝贵史料。西域与内地交流更为密切，中亚和南亚的哲学、逻辑学、医学、语言学、艺术等成就以佛教、佛学为载体进入中国，丰富了中国人的精神文化。这一时期的中日文化交流、印度"狮子文化"、南北丝绸之路、海上丝绸之路使中外文化交流非常活跃，也开启了隋唐时期的中外文化交流。

　　唐朝是中国封建社会发展的鼎盛时期，中外文化交流也呈现出高度繁

---

① 出自《汉书·西域传》。

② 岭南地区先秦时乃百越的生活之地，秦代设桂林、南海、象郡，正式纳入中原王朝的管辖范围，当时广州称作番禺，乃南海郡治。此后赵佗建南越国，几十年后被汉武帝平定，广州仍为南海郡，归交趾刺史部所管。东汉时，交趾改为交州。三国孙吴时从交州合浦（今广西北海）以北划为广州，此乃广州定名之始。

荣的景象。东起首都长安，西至东罗马帝国首都君士坦丁堡（今土耳其伊斯坦布尔），横越亚洲腹地的丝绸之路空前畅通，中国的丝绸、陶瓷、茶叶等物品和造纸、制瓷、种茶等技术传往海外；日本、新罗等国还派遣了大批留学生来中国学习汉文化。随着与各国交往的日渐深入，印度的熬糖法与天文历算，阿拉伯的医术、药物之学，西域各国的音乐、歌舞，等等也传入了中国。唐中期以后，随着造船和航海技术的进步，海上商路也发展起来，其重要性日趋显著。沿着陆上和海上的丝绸之路，商队、旅行家及留学生的往来络绎不绝。许多外国商人定居中国各地，中国工匠也远去阿拉伯半岛从事手工业生产。唐朝还有许多高僧外出求法或讲学，最著名的有西行印度求法的玄奘、义净，以及东渡日本讲学的鉴真等，他们都为中外文化交流做出了重大贡献。

宋元时期，中华文化通过陆路、海路向世界传播，对世界产生了深远的影响。中国的四大发明在这一时期得到更广泛的传播。中国的造纸术大约在12世纪经阿拉伯传到欧洲的希腊、意大利等地。雕版印刷大约在8世纪传到阿拉伯，11世纪以后，又由阿拉伯人传到欧洲，12世纪左右传到埃及，14至15世纪欧洲开始流行印刷术、火药，蒙古人从与宋、金作战中学会了制造火药、火器的方法，阿拉伯人又从与蒙古人作战中学会了制造火器。13世纪后期，欧洲人又从阿拉伯人的书籍中获得了火药知识，后来又学到了制造火药、使用火器的方法。南宋时，指南针传到阿拉伯，13世纪初传入欧洲。除此之外，中国的医药、文化典籍也在朝鲜、日本等国家流传。

同时，阿拉伯、欧洲、南亚、东南亚等地的优秀文化大量传入中国。东南沿海各个港口成为对外交往及进行商业贸易的重镇。古老的"丝绸之路"在宋元时期重新成为通向西方的重要通道。除商业活动外，欧洲的传教士经过这条通道来华传教，有的还受到元朝皇帝的接见。意大利人马可·波罗（Marco Polo）来中国，到大都觐见过忽必烈，他在中国住了17年，直到1292年，才经由泉州乘船离开中国。他写的《马可·波罗行纪》记录下他在沿途的所见所闻。另有一位非洲摩洛哥人伊本·白图泰（Ibn Battuta），由印度经海路到达中国。中国和朝鲜、日本、阿拉伯、波斯各国的文化交流相当频繁。阿拉伯的天文、历法、医药传进中国，受到元朝皇帝的重视。1270年，忽必烈设立"广惠司"，掌管回回[①]医药。尼泊尔的建筑大师阿尼哥（Anigo）被忽必烈请到北京，他的精湛技术受到人们的称赞。中国和非洲等一些国家也有文化交往。

郑和下西洋是明朝对外关系史中最重大的事件。明朝前期，国力强盛，统治者实行开放政策，进行主动外交，派遣郑和七次下西洋，促进了中国和亚洲国家的经济交流和友好往来。郑和航海，其规模之大，历时之久，航程之远，在世界航海史上是空前的。郑和比欧洲航海家的远洋航行早半个多世纪，不愧是世界航海事业的先驱。

明末清初，中国与欧洲的文化交流出现了前所未有的进展，形成了中西文化交流的第一次高潮。在这次文化交流中，耶稣会士充当了桥梁和纽带。正是耶稣会士以"学术传教"的手段，将西方的科学文化知识输入中国，使中国的知识界对"西学"[②]有了初步的认识与了解；也正是耶稣会士通过信函和译介儒家典籍等途径，把悠久的中国文化传入欧洲，使欧洲呈现了"中国热"，推动了欧洲的思想启蒙运动。

鸦片战争以后，中国主要是引进西方的军事技术和装备，出版一些有关西方武器制造及攻防战术的专著。从19世纪60年代开始，洋务派大张旗鼓地仿照西方的办法，制造新式枪炮和军舰，组建新式陆军和海军，举办近代军事工业和民用工业，掀起了一股办洋务的热潮。伴随着戊戌变法、辛亥革命和五四运动的开展，西方的社会政治学说、学术思想和自然科学相继也传入中国。在西方文化大量东传的同时，中国文化也通过近代来华的传教士、官员及中国留学生介绍到西方。

总而言之，通过漫长的中外文化交流，中国的儒学、印度的佛学、欧洲的科学这样一些人类文化的精华，有了更大范围的交流。在交流过程中，中国为世界文明的进程做出了特殊的贡献。

---

① "回回"是中国古代对回族的一种称呼。
② 清末称欧美的自然科学和社会政治学说为"西学"。

2 中外文化交流史上的重大事件

2.1 丝绸之路①

在汉匈交战过程中，汉朝的使者多次出使西域，其中张骞受汉武帝派遣，联络大月氏共同抗击匈奴。他历尽千辛万苦，足迹到达中亚、西亚，开辟了通往西域之路。当时，从长安（今西安）经河西走廊通往中亚、西亚有两条道路，一条为天山北路②，一条为天山南路③。西域商人把中亚、西亚出产的蚕豆、大蒜、胡萝卜、葡萄、石榴、骆驼、汗血马等运到中原，同时，西域的各种艺术也随之传入中原；汉朝以丝绸为主的各种商品也运往西域，再由西域商人转运欧洲等地。这条东西贯穿的商路，便被称作"丝绸之路"。"丝绸之路"成为当时沟通亚欧大陆东西两端文明的主要通道，极大地促进了亚欧经济文化的交流，具有重要的历史意义。

几乎与汉武帝派遣张骞出使西域同时，海上通道也开始出现了。它的标志便是西汉时期的中国与印度洋之间航线的开辟。中国是最早养蚕缫丝的国家，丝织品通过陆路与海路向世界各地传播。

在隋唐以前，"海上丝绸之路"④只是"陆上丝绸之路"的一种补充形式。但到隋唐时期，由于西域战火不断，陆上丝绸之路被战争所阻断，代之而兴的便是海上丝绸之路。到唐代，随着造船、航海技术的发展，中国通往东南亚、马六甲海峡、印度洋、红海、非洲大陆的航路的纷纷开通与延伸，海上丝绸之路终于替代了陆上丝绸之路，成为中国对外交往的主要通道。

---

① "丝绸之路"是德国地貌学地质学家李希霍芬1877年提出，原指中西陆上通道，因为主要贸易是丝绸，故名。此名出现后，学术界又延伸出海上丝绸之路。

② 出阳关，沿昆仑山北麓西行。

③ 出玉门关，沿天山南麓西行。

④ 最早提出海上丝绸之路的是法国汉学家沙畹（1865年—1918年）。《汉书·地理志》所载海上交通路线，实为早期的"海上丝绸之路"。"海上丝绸之路"萌芽于商周，发展于春秋战国，形成于秦汉，兴于唐宋，转变于明清，是已知最为古老的海上航线。

2.2 佛教东传与西行求法

佛教传入中国的时间，一直没有一个精准的说法，比较被广为接受的是汉明帝永平十年（67年）说①。随着汉代通西域和丝绸之路的繁荣，中外经济文化交流全面展开，佛教沿着经商之路开始传入中国。

东汉末年，佛教徒朱士行从陕西、甘肃出发，通过河西走廊到敦煌，再经西域南道，横渡流沙的沙漠，直达西域，取回了《大品般若经》。不仅把西域佛教传入中国的中原地区，也促进了东西政治、文化的交流，朱士行可以说是西行求法的第一人。

东晋末年的法显是中国历史上第一个直接到天竺（古代中国及其他东亚国家对当今印度和其他印度次大陆国家的统称）取经的人。在他之后的300多年间，赴印度求法的佛教徒是历代最多的，其中以玄奘最著名。他于唐太宗贞观三年（629年），只身从长安出发，横穿塔克拉玛干沙漠时，曾有五天四夜没喝一口水，终于冒险西行到达天竺。玄奘的西行求法，往返共17年，行程高达五万里，大大促进了中印文化的交流，并为佛教在中国的进一步发展开辟了道路。

唐代另一位佛教徒义净也西行求法，前后25年，游历30余国，带回佛经近400部，促进了佛教在中国的发展，同时也为中外文化交流做出了贡献。

2.3 中日文化交流

唐朝时期，中国与日本的友好往来和文化交流空前繁荣。那时日本社会对昌盛的唐朝极为赞赏，因此向唐朝派遣的使者、留学生和学问僧数量很多。贞观五年（631年），日本派出了由留学生和学问僧组成的第一次"遣唐使"。到开成三年（838年）止，日本派出遣唐使共13次，另有派到唐朝的"迎入唐使"和"送客唐使"共三次。唐初，日本派出的遣唐使团一般不超过200人；从8世纪初开始，人数大增，如717年、733年和838年派出的三次遣唐使，人数均在550人以上。

---

① 田青.禅与乐[M].北京：文化艺术出版社，2022.

日本留学生回国以后，对中国文化的传播起了十分重要的作用。日本来中国学习的学问僧共约90多人，其中最著名的是空海。他回国时带了180多部佛经，在日本建立了密宗。他还对中国的文学和文字有深入的研究，在中日文化交流方面做出了重要贡献。中国僧人也不断东渡日本，沟通中日两国的文化，其中贡献最大的是鉴真和尚。他应日本圣武天皇的约请东渡日本，经过六次努力，历尽艰险，双目失明，终于在天宝十三年（754年）携弟子到达日本，当时已年近七旬。鉴真把律宗传到日本，同时还把佛寺建筑、雕塑、绘画等艺术传授给日本。日本现存的唐招提寺，就是鉴真及其弟子所建，它对日本的建筑艺术有着重要的影响。鉴真精通医学，尤精本草，他虽双目失明，但能以鼻嗅分辨各种药物，对日本医药学的发展做出了贡献。

2.4 郑和下西洋

明朝前期，中国是当时世界上经济、科技最发达的国家之一。为了弘扬国威和加强与世界各国的联系，明成祖朱棣派郑和多次出使西洋。郑和的船队满载着金银珠宝、丝绸、瓷器等中国特产，每到一个国家或地区，郑和都把明朝的礼物送给他们，表达了和他们友好交往的愿望。西洋各国非常友好地接待了他和他的船队，有些国家还派使者跟随郑和前来觐见中国皇帝。郑和一行也从各国换回了香料等特产。

郑和下西洋具有伟大的历史意义：

首先，它在世界航海史上是一个伟大的创举。郑和下西洋发生在地理大发现之前，比欧洲航海家的远洋航行要早半个多世纪，比克里斯托弗·哥伦布（Cristoforo Colombo）1492年发现美洲大陆早87年，比迪亚士（Dias）1487年发现好望角早82年，比达·伽马（Vasco da Gama）1498年绕过好望角到达印度卡里库特早93年，比麦哲伦（Magellan）1521年到达菲律宾早116年。郑和下西洋的规模也是无与伦比的，如第一次下西洋时，有官兵、翻译、采办、水手、工匠、医生等27000多人。有大型宝船62艘，这是当时世界上最大的船队。而哥伦布去美洲仅有3船，80余人；达·伽马去印度仅有4船，约160人；麦哲伦去菲律宾仅有5船，260余人；这跟郑和的船队相比，只能是小巫见大巫。

其次，郑和七下西洋，打通了从中国到东非的航路，发展了中国同亚、非各国的和平交往与经济文化交流，增进了中国人民同这些国家人民的友谊。

其三，郑和下西洋丰富了中国人的海外地理知识。随同郑和航海的马欢著有《瀛涯胜览》，费信著有《星槎胜览》，巩珍著有《西洋番国志》，记载了所经各国的情况，使中国人对这些国家有了更多的了解。另外，郑和下西洋时绘有《郑和航海图》，此图蜚声中外，至今仍有重要参考价值。

2.5　西学东渐和中学西传

最早促成西学东渐的人物应该算是意大利人马可·波罗（Marco Polo），他在元朝初期在中国生活了17年。回到意大利后，他写了《马可·波罗行纪》，这本书是一部关于亚洲的游记，它记录了中亚、西亚、东南亚等地区的许多国家的情况，而其重点部分则是关于中国的叙述，使得西方国家向往中国。自此之后由传教士开启了西学东渐[①]的故事。

西方来华的主要是耶稣会的传教士，其中比较著名且贡献较大的有明朝万历年间来华的意大利传教士利玛窦（Matteo Ricci）等人。

来华传教的耶稣会士在向中国介绍西方数学、天文、地理、医药等科学知识的同时，又以书简、日记、札记等形式源源不断地向教廷和本国发回了有关中国状况和中国历史文化的报告，并逐步翻译了一些儒家经典。这在一定程度上洗去了欧洲人长期以来对东方中国所持有的神秘感和猜疑心，激起了他们了解中国、认识中国的强烈兴趣，使18世纪的欧洲一度风行"中国热"[②]。

利玛窦所著的《中国札记》，1615年在德国首次出版，这是继马可·波罗之后向欧洲介绍中国的又一部巨著，在当时引起了轰动，使欧洲人进一

---

① 西学东渐指从明朝后期到近代的西方学术思想向中国传播的历史过程。

② 18世纪，欧洲启蒙运动阶段，伏尔泰等思想家以中国的政治实践作为改变法国社会困局的理论依据，以中国为样本进行学习和模仿，在欧洲掀起了持续一个世纪的"中国热"。

步确信东方真有一个历史悠久、文化灿烂、领土辽阔、物产丰富的中国。利马窦生前曾经将《四书》译成拉丁文寄回意大利，此后的传教士继续将一些儒家经典译成拉丁文和法文，著《孔子传》并对儒经进行注释解说，向欧洲知识界系统地介绍中国的儒家经典和古代哲学思想。法国耶稣会士白晋（Joachim Bouvet）在中国以研究《周易》著称，他通过信件来往把《周易》介绍给德国古典哲学的先驱莱布尼茨（Leibniz）。两人之间以易卦的阴阳二元论和二进制数学相匹配的讨论，至今仍是学术界津津乐道的佳话。

经传教士们翻译介绍给欧洲的还有中国的史书，如朱熹等的《资治通鉴纲目》；有医书，如李时珍的《本草纲目》，以及一些文学著作。他们还为欧洲人撰写了许多有关中国的专著，诸如历史、哲学、宗教、天文、建筑、植物、音乐、舞蹈等都有涉及，使素来以唯一文明自居的欧洲被中国古代高度发达的文明深深折服。

17世纪中叶以后，一些在中国传教的法国耶稣会士开始有意识地搜集中国典籍，为刚刚建立的法国皇家科学院提供研究所需的资料。通过这些传教士们的努力，一批批汉文典籍漂洋过海，运到了凡尔赛宫。仅1722年这一年，运抵法国的中国书籍就达4000多种。这批书籍构成了法国国家图书馆东方手稿部最早的特藏，为19世纪法国汉学的兴旺准备了条件。

总之，正是由于明清之际在中国的西方传教士们的活动，才使这一时期的中西文化交流超出了物质的范围，进入学术与思想的领域，从而有了比较广泛而深入的发展。对于他们在中西文化交流中所起过的桥梁与媒介作用，是应当给予公允的评价的。

2.6 洋务运动

清朝末年，清政府在和西方国家打交道的过程中，有一些人主张利用西方先进的军事技术来维护清朝的统治，并付诸实施，他们被称为"洋务派"。洋务派在中央以恭亲王奕䜣为代表，在地方上以封疆大吏曾国藩、李鸿章、左宗棠、张之洞等人为代表。他们以"自强"新政和"求富"为名，采用西方国家的技术，创办了一批近代军事工业和与民用有关的工业，还开办了新式学校，筹组了一些新式军队，向国外派遣留学生等。洋务运动客观上刺激了中国资本主义的发展，对外国经济势力的扩张，也多少起了一些抵制作用。但是，由于受到外国势力的干涉和操纵，同时遭到国内顽固派的激烈反对，洋务运动并没有使中国走上富强之路。

3　中外文化交流史上的重要人物

3.1　张骞

在中外文化交流史上负有盛名的"丝绸之路"的开辟，首先应当归功于西汉人张骞的"凿空"①西域。张骞，汉中郡城固县（今陕西省城固县）人，汉武帝的侍从郎官。公元前138年，汉武帝为了解除匈奴的威胁，想联络大月氏共同夹攻匈奴，于是派张骞带领善于骑射的100人出使大月氏。第一次出使历时13年，最后只剩下张骞和他的匈奴助手堂邑父两人衣衫褴褛地回到长安。以后，张骞随卫青出征立功而被封为"博望侯"。公元前119年，张骞第二次出使乌孙，目的是劝乌孙回河西故地，与汉朝共同抵抗匈奴，并加强与西域各国的联系。张骞此行带领300多人，每人备马两匹，带牛羊万头，金帛货物价值"数千巨万"②。随行的还有许多副使，沿途分派到大宛、康居、月氏、安息等国联络。于公元前115年偕同乌孙使者数十人返抵长安。张骞两次出使西域，虽都没有完成使命，但加强了汉朝与西域各国的联系，开辟了通往西域的道路。

张骞通西域之后，汉朝与西域各国使者往来不绝。丝绸大量西传，其他如养蚕、漆器、铁器和冶铁术、井渠法及其他工艺品、农产品相继向西传播；而汉使则从西域引进了葡萄、苜蓿及胡桃（核桃）、石榴、胡麻（芝

---

① 张骞"凿空"出自司马迁《史记·大宛列传》，指的是西汉武帝时期，张骞两次出使西域，开通了从内地到西域的道路交通。"凿"指具有初创性，"空"通"孔"，具有遍及、遍布之意；"凿空"即首度开通西域之途并遍及西域诸国，形象地描述了打通从内地到西域这一通道的艰难过程和开创意义。

② 周大庆.蚕丝之恋——浒墅关的那些桑女丝情[M].苏州：古吴轩出版社，2019.

麻）、胡瓜（黄瓜）、胡豆（蚕豆）、胡蒜（大蒜）、胡萝卜等农产品和毛皮织品、珍禽异兽，以及西域的音乐、舞蹈、绘画、雕塑、杂技等，也对中国古代的文化艺术产生了积极的影响。

3.2 玄奘

玄奘是唐代佛学大师，法相宗的创始人。他自幼聪明，尤其爱好佛学。11岁时就能诵读佛经，13岁出家，之后他在全国各地遍访名师，刻苦钻研佛教理论。因为他精通印度佛学中的《经藏》《律藏》和《论藏》，所以人们尊称他为"三藏法师"。

玄奘感到当时的佛经译得不完整，不确切，为了进一步了解佛学底蕴，他决定到佛教的发源地印度去探求佛理。公元627年，玄奘从长安出发，开始了向印度佛教的最高学府那烂陀寺的万里长征。他克服了种种艰难险阻，于629年的夏天到达印度北部，以后又进入印度中部，瞻仰了佛教的六大圣地。公元631年，玄奘进入那烂陀寺学习，在那里苦学五年，遍览佛教经典。之后，他又用了六年时间，到印度各地游学，先后向十多位佛学大师求教学问，学识达到了十分精深的境界，成为当时第一流的佛教学者。在一次全印度的佛理辩论大会上，玄奘作为论主，回答了所有佛教徒的诘难，从此他在印度佛教界声名显赫。

公元643年春天，玄奘启程回国，随身携带了他多年搜集的佛经、佛像。唐太宗亲自派人迎接。玄奘谢绝了太宗要他还俗做官的要求，进驻长安弘福寺。在唐太宗的支持下，他征召各地高僧、学者，组成规模宏大的佛经译场，开始了长达19年的译经工作。共译经75部，1335卷，晚年还译出了佛教经籍中最大的一部经《大般若经》600卷。玄奘一面译经，一面创教，中国佛教史上的法相宗就是由他创建的。他的日本弟子道昭返国后开创了日本的法相宗，流传至今。朝鲜弟子圆测回国后传教，形成了朝鲜的法相宗。

除了佛学著作，玄奘还根据自己的经历，由他口述，门人辩机奉唐太宗之敕令笔受编集而成，用一年多时间写成了《大唐西域记》。这部书将他在十多年的旅游生活中所游历的100多个国家加以分类记叙，一一陈述了各国的

历史沿革、地理区划、民族源流、物产气候、文化政治等，内容广泛，至今
仍是研究阿富汗、巴基斯坦、印度，以及整个中亚古代历史地理的宝贵资
料。19世纪以来，《大唐西域记》已先后被译成法、英、日等国文字。玄奘
在中外文化交流史上占有重要地位。

3.3　鉴真

鉴真是江苏省扬州江阳人，中国唐代赴日本传戒并首创日本律宗的高
僧。公元708年，21岁时的鉴真在长安受戒，正式取得僧籍。此后40年中，
他讲经、建寺、造像。由他受戒的僧侣先后达40000多人，他被誉为中国东部
一带的受戒大师，在佛教徒中名望很高。

742年，日本僧人到扬州请他去日本传法，鉴真欣然应允，并准备东
渡。但一连几次失败，尤其是第五次东渡，不仅失败，损失惨重，而且鉴真
自己也因劳累过度而双目失明。

又经过五年，66岁的鉴真决心再度出航日本。753年10月19日，他离开
扬州，12月20日，这位盲僧终于踏上了日本的土地，受到日本朝野僧俗的欢
迎。不久，日本朝廷宣诏慰问，并委以受戒权，并建立了由鉴真主持的戒台
寺。756年，又任命他为大僧都，这样的待遇是前所未有的。后来，鉴真又和
弟子们一同建立了唐律招提，就是现在日本奈良著名的唐招提寺。763年，这
位高僧以76岁高龄圆寂，埋骨于日本。

鉴真在日本生活了十年，对日本文化的发展、中日文化的交流做出的贡
献是巨大的。鉴真东渡的时代，正是中国唐朝文化繁荣的时期，他东渡时带
有绣师、画师、玉匠等能工巧匠和画像、绣像、玉器、铜镜等工艺美术珍品
及大量的亲笔字帖。鉴真带去的这些文化艺术，经过日本的消化吸收，成为
日本天平文化的组成部分。天平文化的核心是佛教文化，而鉴真对日本最突
出的贡献就在佛教方面。在佛教寺院建筑艺术方面，鉴真根据中国寺院建筑
结构建造的唐招提寺，成为此后日本佛寺建筑的样板。在佛像的雕塑方面，
以前日本只有铜铸和木雕，在鉴真东渡后，有了很大改变，造型上开始趋向
唐朝佛像的写实主义风格。干漆像是天平艺术中最值得骄傲的一个艺术品

种，鉴真死后建造的鉴真坐像就是干漆像，这种雕塑方法也是由鉴真弟子们传入的。鉴真还把中国的医学带到日本，他曾亲自为日本光明皇太后治病。虽然他双目失明，但他用药却准确无误。

鉴真十年如一日，用辛勤的汗水浇灌中日人民的友谊之花，在中日文化交流史上写下了不可磨灭的一页。

3.4   郑和

郑和1371年生于云南昆阳州（今昆明市晋宁区），原名马和，小字三宝。11岁时在明太祖朱元璋发动的统一云南的战争中被俘进宫，后当朱元璋四子燕王朱棣的近侍。1403年朱棣登基，史称明成祖。次年正月初一，朱棣念他有勇有谋，屡立奇功，便赐姓"郑"，改称郑和，并提拔为内宫太监，史称"三保太监"（又称"三宝太监"）。

郑和于永乐三年（1405年）7月11日奉命率领庞大船队首次下西洋。自1405年到1433年，漫长的28年间，郑和船队历经亚非30多个国家，涉洋十万余里，与各国建立了政治、经济、文化的联系，完成了七下西洋的伟大历史壮举。

郑和是中国历史上最杰出的航海家。他下西洋所到之处，不仅进行海外贸易，还传播先进的中国文化。当时东南亚、南亚、非洲一些国家和地区社会发展比较落后，非常向往中华文明。明成祖朱棣派遣郑和下西洋还肩负了"宣教化于海外诸番国，导以礼仪，变其夷习"的使命。郑和出色地将中华文明远播海外，在中外文化交流史上写下了新的篇章。郑和下西洋传播中华文明的内容主要有以下几个方面：中华礼仪和儒家思想、历法和度量衡制度、农业技术、制造技术、建筑雕刻技术、医术、航海造船技术等。

3.5   利玛窦

明清之际，进入了中国历史上中西文化交流的一个高峰期。大批耶稣会士来到中国，对于世界文化交流起了积极作用，利玛窦就是这些传教士中最著名的一个。

利玛窦于1552年出生于意大利的马塞拉塔城，从少年时代开始就进入本城的耶稣会学校学习。16岁到罗马学习法律，同时在耶稣会主办的学校继续学习哲学和神学，师从著名数学家克拉乌学习天算。当时正值新航路开辟、地理大发现的世纪，各基督教团体也急欲使亚洲等地区成为新兴的"福音"之地，因此组团招募人员到远东传教。利玛窦自愿加入传教团体，在葡萄牙候船期间，他进入耶稣会士训练东方传教团的中心高因利盘大学短暂学习。至此，他已拥有了丰富的神学、哲学、历史、自然科学知识。

利玛窦1582年来华。在华期间苦心钻研儒学，并大量著书向西方介绍儒家思想。《利玛窦中国札记》向西方介绍了中国情况和他本人及其他传教士在中国的经历。他以灵活的态度对待基督教教义与中国礼仪观念之间的矛盾，又以积极的姿态向中国士大夫介绍西方的数学、天文学、地理学等实用性知识。被称为中国近代科学先驱的徐光启和李之藻等人，就是从利玛窦那里开始学习欧洲的天文、历算、地理、测量等知识的。徐光启和利玛窦合译的《几何原本》使中国学者第一次接触到几何学知识，当时翻译使用的一些名词和内容一直沿用到今天。

利玛窦在华28年，自始至终把尊重中国文化、介绍西方自然科学和宣传天主教义很好地结合在一起，取得了很多成果。他在沟通中西文化方面做出了很大的贡献，被后人称赞为"沟通中西文化第一人"。①

思考题

1. 在中国历史上，真正意义上的中外文化交流是从什么时候开始的？
2. 在中外文化交流史上有哪些重大事件？
3. 在中外文化交流史上有哪些重要人物？

---

① 数学家丘成桐曾说过："400多年前，被誉为'沟通中西文化第一人'的利玛窦把现代数学引进了中国，而他就是在肇庆开始传播欧几里得《几何原本》等现代数学著作。因此，从某种意义上说，中国现代数学起源于肇庆。"

第7章 国际中文教师的跨文化交际能力及其培养

什么是跨文化交际能力？跨文化交际能力由哪些组成？国际中文教师的跨文化交际能力又该怎样培养？这些问题就是本章要重点探讨的内容。

1 跨文化交际能力的界定

孔子学院总部2007年颁布的《国际中文教师标准》明确规定，跨文化交际能力是国际中文教师必备的素质之一，并列出了国际中文教师必须了解的跨文化交际的主要概念及其基本技能。2015年颁布的《国际汉语教师证书考试大纲》再次强调国际中文教师必须具备跨文化交际能力。2022年，世界汉语教学学会发布《国际中文教师专业能力标准》，明确规定国际中文教师必须"具备跨文化交际能力，在了解中华文化的同时，了解世界文化的多样性，尊重不同文化，能够运用不同策略有效进行跨文化交际"。这就说明不具备跨文化交际能力的人，是无法胜任国际中文教师的。

要搞清楚跨文化交际能力，先要理解什么是交际能力。简言之，交际能力就是与他人进行有效、得体交际的能力，交际的有效性和得体性缺一不可。其中，"有效性"是指交际行为得到了预期的结果，"得体性"是指交际行为合理、适当，符合特定文化、特定交际情境，以及有特定关系的交际双方对交际的预期。有效是交际的结果，得体则是交际的过程。交际者如果能让对方懂得自己的意思，就算基本成功了。但在达到目的的过程中，不同的人可能会运用不同的方式，有的可能不够妥当。如果在达到目的的同时，又能够运用得体的方式，那就是成功的交际了。

通常来说，能力指的是一系列的才能或者是有技巧的行为。不过，能力的判定却是随着环境与标准的不同而不断改变的。在一种文化环境中被认为是有能力的行为，可能在另一种文化环境中不被认可。举例来说，在西方的文化环境中，说话直截了当，直言不讳，能够被广泛地接受，并被认为是有沟通能力的表现；但在中国的文化环境中，说话直截了当则可能会引起别人的不快，被视为缺乏沟通能力的表现。因此，任何能力都不应孤立地加以评判，而应放在一定的文化环境中。对以教授外国人汉语为职业的国际中文教师而言，其交际能力的跨文化特点就十分突出了。

关于跨文化交际能力的定义有很多种。考虑到国际中文教师的职业特点和工作性质，我们采用外语教育界的专家Fantini的说法，所谓跨文化交际能力，就是"与异文化的人们进行有效而得体的交往所需的综合能力"。[①]

2　跨文化交际能力的要素

跨文化交际能力是一种综合能力，如果从不同的角度进行考察，那么其具体内容也不尽相同。我们仅从国际中文教育的专业性质与特点进行分析。一般来讲，一位优秀的国际中文教师的跨文化交际能力应该由五部分组成：跨文化交际的知识结构、跨文化意识、跨文化交际的态度、跨文化交际的技能、国际中文教师的教学能力。

2.1　跨文化交际的知识结构

第二语言教学的性质与特点决定了国际中文教师必须具有跨学科的知识和能力，时代的发展和不同学科的交叉与整合也要求国际中文教师在进行汉语教学的同时，不断地补充新的知识，完善自己的知识结构，并且逐步养成跨学科思维的习惯。一位优秀的国际中文教师，其跨文化交际的知识结构应该包括以下方面：

---

① 祖晓梅. 跨文化交际 [M]. 北京：外语教学与研究出版社，2015.

（1）汉语知识

国际中文教师要说一口流利、规范的普通话，这是最基本的要求，也是前提条件。这里要强调的是汉语的音韵学、语法学、修辞学、语用学和语言学知识等，对国际中文教师而言也是十分必要的。

（2）外语知识（主要语种）

由于国际中文教育的教学对象是第一语言为非汉语的外国人和海外华人，所以从事这项工作至少应该掌握一门外语，以方便教学工作和日常生活。在了解和掌握教学对象的外语知识和文化背景知识的情况下，教师才能有针对性地进行教学，提高教学效率。

（3）中国文化知识

中国文化源远流长、博大精深，它涉及中国的地理、历史、社会、文学、艺术、宗教、风土人情等各个领域。而中国的唐诗、宋词、剪纸、书法、绘画、中医、中药和中国功夫等，最受外国人关注和欢迎。有不少人学习汉语的动机就是中国文化。国际中文教师不仅要讲授汉语，还要传播中国文化。就此而言，国际中文教师被称为中国文化推广的使者是当之无愧的。

（4）世界上主要国家的文化知识

语言是文化的凝聚体，文化在语言学习中有着重要的地位。第二语言学习者大多来自不同文化背景的国家和地区，教师在教学过程中，需要将目的语文化与学习者的文化进行对比，找出不同文化之间的差异，避免交际失误，同时还需要具备世界上主要国家的文化知识，包括思维方式、价值观念、社会规范、风俗习惯、民族心理、礼仪禁忌等。

（5）教育心理学知识

教育心理学是心理学与教育学的交叉学科，属于应用心理学的一种，主要研究教学过程的基本心理规律。国际中文教育的对象具有特殊性，更需要教师具备一定的教育心理学知识。教师要从学生、教学内容、教学媒体和教学环境等方面来分析外国人学习汉语的心理，这样才能通过掌握学生的学习心理，来确定教学重点和难点，同时找到正确的方法帮助学生，保证学习效果。

由此看来，一般的专业在知识结构上重在"专深"，而国际中文教育专业重在"广博"。教师掌握的上述知识多多益善，但教师不可能在上述知识领域中的所有方面都成为专家，具备能够胜任国际中文教育的知识结构，则是起码的要求。

总之，作为国际中文教师，一定要了解中国文化和教学对象文化之间的差异，尤其是价值观念、思维方式、语言交际和非语言交际的特点和差异，了解不同文化对师生关系、学习和教学方式的影响。具备这样的跨文化知识才能对不同文化背景的学生采取有针对性的教学策略。

2.2　跨文化意识

跨文化意识是西方学者汉维（Havey）于1979年提出的，当时指的是理解和承认人类具有各自创造其独特文化的基本能力，而不同民族的文化及其观念和行为存在差异。至今许多学者还在从不同视角探索跨文化意识的内涵和外延，力求给予恰当的界定。从国际中文教育的角度说，所谓跨文化意识，可以简单地理解为具有不同文化背景的人，在从事交际过程中所运用的一种特定思维。它需要在价值观、人生观、世界观、语言符号及思维方式、非语言行为规则、时空观念、礼仪习俗等诸多方面，打破在相同文化背景下进行交际的思维定式，使其在主观上能够对异质文化获得正确的反应和理解，以保障人们在跨文化交流中实现思想感情的沟通。

众所周知，文化是一个民族区别于其他民族而独立存在的重要特征，每个民族在其漫长的历史发展过程中，积淀了有别于其他民族的诸多文化因素。这些文化因素势必要在其各自的交往中有所体现，而不同文化所具有的个性或特性往往会形成交流中的障碍和冲突。以中西方文化为例，中西方由于在价值观念、社会规范和文化习俗等方面的文化差异，在实际的交际过程中产生了很多典型的文化冲突现象。比较常见的大致有客套语方面的冲突、餐饮习俗方面的冲突、隐私方面的冲突和时间观方面的冲突等。在与来自不同文化背景学生的交际过程中，我们常常会发生很多交际失误甚至冲突。如果我们不认识跨文化交际的本质，不了解跨文化交际的过程，在交际中产生障碍、失误乃至冲突将是不可避免的。这就要求我们在跨文化交际中一定要具有跨文化意识，同时要求我们能对异质文化从表面的直观感受，到认识与自身文化的差异，再通过不断的深入体验，达到深层理解。在国际中文教育中，教师的跨文化意识非常重要，因为有无跨文化意识将直接关系到教学效果，并且直接影响外国学生的学习效率。因此，国际中文教师首先要做到热爱自己的文化，然后要具有跨文化意识。只有当这二者结合起来的时候，教师才能够在教汉语的同时弘扬中国文化。

跨文化意识与一个人的移情能力密切相关。在国际中文教育领域，移情能力是指具备跨文化交际意识，尊重对方的文化背景、宗教信仰、生活习惯等，并能适应对方的文化模式和交际模式。国际中文教师还应该具备一定的跨文化交际敏感度和良好心态，才能保证跨文化交际的顺利进行。

2.3　跨文化交际的态度

所谓"跨文化交际的态度"，简言之就是人在跨文化交际中处理不同文化之间关系的态度。要对交际对象的文化特点有充分的了解，并对异质文化抱有积极的态度，是在跨文化环境中形成沟通能力的关键因素。跨文化态度包括对自身文化的自信，并能向对方介绍自己的文化；尊重异质文化，并愿意学习对方的文化；对彼此的文化差异求同存异，理解异质文化在价值观、信仰、习俗、礼节、着装等诸多方面与自身文化的差异。

跨文化交际的态度大体上有三个基本要素：

（1）相互尊重

相互尊重文化传统是成功进行跨文化交际的前提。

（2）相互宽容

相互宽容才能相互理解，才可以避免或减少跨文化失误与冲突。

（3）相互合作

这种合作不仅指在同一个话语体系中的默契配合，更指"自身文化"与"异质文化"的互动互渗、互相借鉴。理解异质文化并不是一味地赞同和推崇，而是在跨文化交际中各美其美，美美与共。

2.4　跨文化交际的技能

一般来说，国际中文教师需要具备以下基本的跨文化交际技能：

（1）正确识别和理解不同文化所特有的言语和非言语行为

因为语言是文化的凝聚体，任何一种言语和非言语行为的背后，都隐含着深层的文化信息：世界观、价值观、信仰、行为规范、社会道德、风俗习惯、特殊禁忌等等。通过对深层文化的对比，我们可以找出文化差异的本质，为一些文化现象提供理性解释，从而提高国际中文教师对不同文化的敏感度。

（2）熟悉教学对象第一语言中常用词汇的文化内涵

教师要熟悉那些与汉语相对应的学生母语（第一语言）词汇的文化内涵，具备这种能力可全面提高国际中文教师的跨文化交际能力。

（3）熟悉教学对象的言语行为方式

教师应该对学生所在国家和地区的文化有所了解，以便更好地理解他们的言语行为方式，从而掌握交际情境中得体的言语行为方式。

（4）较强的应用能力

国际中文教师即便不能熟练地使用学生的母语，也应利用自己已掌握的对方国家的语言文化等方面的知识，解决跨文化交际中遇到的各种问题。

（5）和谐相处的能力

国际中文教师应该具有与不同文化背景的人建立良好关系的能力，包括语言沟通技巧、和谐相处能力等。碰到交际障碍或冲突时，能妥善处理，及时化解，使跨文化交际得以有效进行。

2.5　国际中文教师的教学能力

在国际中文教育领域，不是会说汉语的人就能从事对外汉语教学，精通汉语的人也不一定能胜任对外汉语教学。汉语专家未必是一名好的国际中文教师。胜任国际中文教师这一特殊职业，有效、得体地完成跨文化交际的任务，需要专门的教学能力。

　　教学能力是教师职业能力的主要方面，它既是教师对整个教学过程的驾驭能力，也是完成具体教学任务的综合能力。严格说来，国际中文教师的教学能力结构应该由知识结构和能力结构两大部分组成。由于前面已经对知识结构有过专门讨论，兹不赘述，只重点谈一谈能力结构。教学能力包括许多方面，如语言表达能力、课堂组织能力、理解能力、表演能力、科研能力、现代教育技术的应用能力、跨文化交际能力等。我们这里将主要对组织教学的能力、创新能力和表达能力展开说明。

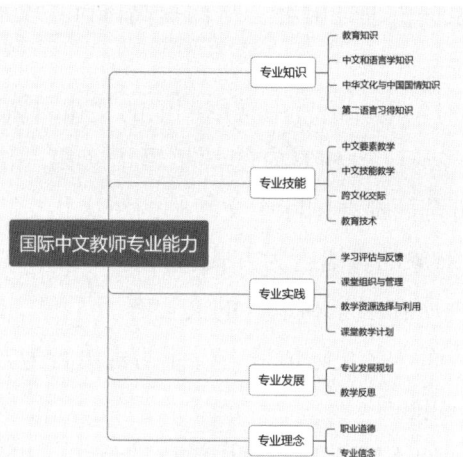

图7-1[①]

　　（1）组织教学的能力

　　培养汉语学习者的跨文化交际能力是国际中文教育的目标之一。教师主要是通过专项技能训练，引导学生把语言知识转化为言语交际技能，从而达到跨文化交际的目的。在教学内容编排上，教师要深入研究教材，了解教材的结构和体例，了解教材语言点的安排和语法点的出现次序。在教学设计上，教师要针对特定的教学对象和教学目标，确定该课各章节的教学目的、教学要求、教学重点和难点，选择相应的教学手段和方法，循序渐进，由易到难，逐步深化，通过总体设计把"教"和"学"两方面有机结合起来。在教学环节上，教师要充分体现其科学性、全面性、系统性的特点，尤其是在技能训练环节，有针对性地、分层次地组织有效的、一定量的操练的同时，

---

① 据《国际中文教师专业能力标准》。

还要重视交际能力的培养；在课堂组织与管理上，教师要善于组织教学，维持课堂纪律，营造轻松愉快的课堂气氛，激发学生参加教学活动的积极性，保证教学的有效进行。

（2）创新能力

教师的创新能力是指教师打破常规，用不同于一般的方法解决教学实际问题的能力。我们可以把创新能力分为创新的教育理念、创新的思维模式、创新的教学技能三个方面。

众所周知，一切先进的教学改革都是从新的教学理念中生发出来的。教师具备什么样的教学理念，就会产生什么样的教学行为，形成什么样的教学氛围，获得什么样的教学效果。国际中文教师应树立"以学生为中心""因材施教"的个性化教学理念，以培养学生的实践能力为重点，创新教学思路，开展有的放矢的教学活动。

创新能力是教师综合素质的体现，是对教师更高层次的要求。国际中文教师都应该增强创新意识，开发自身的潜能，以推陈出新的方式处理教学问题。教师无论是知识理论水平还是实践经验，无论是个人修养还是思维能力，只有在自身综合能力有所提高的前提下，教师的教学创新能力才能得到提高。

国际中文教师还应该尊重学生的个性，善于激发学生的学习潜能和积极性，发现并总结出行之有效的教学方法，利用一切可能的机会提高学生的跨文化交际能力。

（3）表达能力

国际中文教育的教学对象是有着不同文化背景的特殊群体，课堂上教师的每一句话，学生都有可能学习和模仿。因此国际中文教师不仅要语音标准、吐字清晰、语速合适，还要把握好课堂用语的难度，尤其在用词方面要考虑到学生的可理解程度，进行可懂输入，精讲多练。

除了以上方面，国际中文教师还需具备国际中文教学的基本功，其中包括对教学内容与教学对象的熟悉、语言点的把握、教学环节的设计、课堂教学的技巧等等。

3　跨文化交际能力的培养

对国际中文教师来说，不管是在中国国内还是在海外从事国际中文教育，所要面对的都是来自不同国家和地区的学习者。这些学习者的文化背景、年龄、性格、价值观念、思维方式、生活情趣和风俗习惯等等都是有差异的，他们对汉语的接受能力也是不一样的。这样的学习者对国际中文教师来说是一个极大的挑战。由于国际中文教学过程同时也是一种跨文化交际的过程，工作之外的日常生活也同样伴随着跨文化交际活动，所以，培养国际中文教师的跨文化交际能力至关重要。

国际中文教师的跨文化交际能力是一种综合实践能力，需要多学科的知识和技能。培养跨文化交际能力就是要具有丰富的跨文化交际理论知识和跨文化交际意识，从而掌握跨文化交际技能，这样才能胜任国际中文教学工作。具体来说，可以从以下几个方面入手：

3.1　学习跨文化交际理论知识

作为国际中文教师，在遇到文化差异造成的障碍时，想解决问题就要掌握跨文化交际的相关理论知识，准确把握跨文化交际的特点，并且在实践中不断反思，才能增强自己的跨文化交际意识，逐步培养和提高自身的跨文化交际能力，进而提高国际中文教育的教学质量。可能有的国际中文教师认识不到学习跨文化交际理论知识的重要性，误以为跨文化交际纯粹是一种实践层面的活动，不必学习理论知识。而事实上，只有在理论的指导下，实践才能有的放矢，收到事半功倍之效。

如了解单时制文化和多时制文化的区别。按照Hall（1976）的解释，单时制文化中的"时间是线性的，像一条道路或一根带子，可以切割，可以向前延伸到未来，向后延伸到过去"。多时制文化中的人们遵守的不是物理时间，而是生理时间。国际中文教师基于对这两种文化的了解，就不会对来自多时制文化背景的学生过于苛责了。

再比如Oberg（1960）把短期旅居者的跨文化适应过程分为四个阶段：

蜜月期、挫折期、恢复期和适应期。人是通过交际来适应社会环境的，而适应是一个比较复杂的动态过程。大体说来，适应过程分为新奇、困惑、挫折、调整和适应五个阶段。国际中文教师若能学习并运用好跨文化适应理论，在遇到交际障碍或冲突时便能采取求同存异的态度，进行自我调整，及时地采取应对措施。

总之，国际中文教师应汲取社会语言学、语用学和跨文化交际知识（包括跨文化非语言交际理论），全面提升自己的理论水平，并将文化差异的比较应用到教学中，在对不同文化的对比中不断提高对文化差异的敏感度。

3.2　培养跨文化交际意识

所谓跨文化交际意识，指的是跨文化交际中的参与者对文化因素的敏感性的认识，亦即对不同文化之间差异的敏感度和调整自己适应能力的自觉性。这种敏感度和自觉性并非与生俱来，而是必须经过后天培养逐步建立起来的。一般来讲，国际中文教师只有在熟悉跨文化交际相关理论的基础上，才会形成成熟的跨文化交际意识。

跨文化交际意识的形成需要一个学习、感知、认识、比较、分析、理解和接受的过程。国际中文教师要有兼容并蓄的心态，培养自己的心理接受能力和移情能力，以应对跨文化交际中遇到的各种难题。在进行汉语教学和中国文化传播的过程中，既要有充分的文化自信，又不能以自己的文化准则去评判其他文化。

3.3　培养以跨文化交际为核心的语言能力

语言作为最重要的交际手段，不但对国际中文教师迅速适应对象国的日常生活有无可替代的作用，而且有利于教师通过自身体会了解学生学习汉语时的困难和发生偏误的原因，提高教学效果。语言学习的另一个重要作用是可以了解对象国文化在语言中的反映。

国际中文教师的这种语言能力要求教师能够简单运用英语或对象国的语言，在跨文化的语言比较中有针对性地进行汉语教学，以帮助学生更好地学习汉语和中国文化。国际中文教师应具有以有限的语言手段开展教学的本领。

3.4　培养非语言交际能力

在人类交际过程中，大部分信息是通过语言来传递的，但是也有不少信息是通过非语言交际行为来传递的。因此在跨文化交际过程中产生的一些误会和冲突，有时可能是因为一个眼神或动作造成的。比如，中国年长的女教师在天凉时如果发现某学生穿着单薄，会摸摸学生的衣服，并告诉他应多穿一点。对此，英语国家的学生会很反感，认为老师不仅缺乏边界感，还把自己当成了小孩子。

非语言交际能力的培养，首先是非语言交际意识的培养。这就要求国际中文教师掌握有关跨文化非语言交际的知识。其次是多观察、体会跨文化交际过程中的非语言交际行为，在实践中加以运用。比如可以观察目的语国家的人在不同场合交际时的衣着打扮、体态动作、眼神表情等。

3.5　加强文化知识储备，提高对文化差异的敏感度

培养国际中文教师的跨文化交际能力，首先应当加强国际中文教师文化知识的储备。也就是说，既要确保教师具有扎实的汉语言及中国传统文化知识，又要学习对象国的文化知识，并通过对比，找出中外文化的差异。因为只有通过比较才能提高跨文化交际的敏感度。比如在英美国家，人们举行葬礼时一般穿黑色礼服，表示庄重和对死者的哀悼；而在中国，人们多穿白戴孝表示对已故亲人的怀念。只有具备较强文化敏感性的国际中文教师，才能逐步提升自身的跨文化交际能力，并将跨文化交际知识应用到教学实践当中。

3.6　采取适当的跨文化交际策略

交际策略指的是交际者根据实际情况采取的应变措施。比如对跨文化交

际中的民族问题或宗教问题等，国际中文教师就可以采取回避策略。另外，如果谈及敏感的政治性话题，教师也可以转换话题或不置可否。

总之，国际中文教师在跨文化交际中既要坚持原则，又要做到随机应变，灵活应对。

思考题

1. 交际能力的定义是什么？跨文化交际能力的定义是什么？

2. 国际中文教师提高跨文化交际能力有什么意义？

3. 国际中文教师跨文化交际的知识结构应该包括哪些方面？

4. 你怎么理解跨文化意识和移情能力？

5. 跨文化交际的态度包含哪些基本要素？

6. 国际中文教师需要具备哪些基本的跨文化交际技能？

7. 国际中文教师应该具备哪些教学能力？

8. 国际中文教师应该怎样培养跨文化交际能力？

参考文献

国家汉语国际推广领导小组办公室. 国际汉语教师标准[M]. 北京：外语教学与研究出版社，2007.

顾曰国. 礼貌、语用与文化[J]. 外语教学与研究，1992（4）.

关世杰. 跨文化交流学[M]. 北京：北京大学出版社，1995.

何日生. 善经济：经济的利他思想与实践[M]. 北京：宗教文化出版社，2021.

胡文仲. 跨文化交际学概论[M]. 北京：外语教学与研究出版社，1999.

贾勤，舒蓓. 中美交际风格对比探析[J]. 湖北经济学院学报（人文社会科学版），2008（11）.

教育部中外语言交流合作中心. 国际中文教育用中国文化和国情教学参考框架[M].北京：华语教学出版社，2022.

孔子学院总部/国家汉办. 国际汉语教师证书考试大纲[M]. 北京：人民教育出版社，2015.

库玛. 文化全球化与语言教育[M]. 邵滨，译. 北京：北京语言大学出版社，2017.

雷佳娣. 菊花在山谷中孤独地绽放——对斯坦贝克小说《菊》的象征主义解读[J].重庆科技学院学报（社会科学版），2011（11）.

李建军，李贵苍. 跨文化交际[M]. 武汉：武汉大学出版社，2011.

楼宇烈. 中国文化的根本精神[M]. 北京：中华书局，2016.

罗杰·布罗斯纳安. 中国和英语国家非语言交际对比[M]. 毕继万，译. 北京：北京语言学院出版社，1991.

马明，马亮. 英语教学中体态语的应用[J]. 教学与管理（理论版），2009（9）.

萨莫瓦尔，波特，麦克丹尼尔. 跨文化交际（第7版）[M]. 董晓波，编译. 北京：北京大学出版社，2012.

斯大林. 马克思主义和语言学问题[M]. 李之三等译. 北京：人民出版社，1964.

王建军. 跨文化交际中东西方交际风格的差异[J]. 前沿，2007（2）.

姚亚平. 略论陈望道修辞思想体系的核心理论[J]. 修辞学习，1990（4）.

乐黛云：中国文化面向世界的几点思考[J]. 党政干部参考，2012（8）.

赵玉静，于学勇. 从《绝望主妇》和《漂亮主妇》探析英汉请求策略异同[J]. 戏剧之家，2018（2）.

张拱贵. 汉语委婉语词典[M]. 北京：北京语言文化大学出版社，1996.

祖晓梅. 跨文化交际[M]. 北京：外语教学与研究出版社，2015.

Albert, E. Value System[J]. The International Encyclopedia of the Social Sciences, 1968(16).

Berlin, B. & Kay, P. Basic Color Terms: Their Universality and Evolution[M]. Berkeley and Los Angeles: The University of California Press, 1969.

Berry, J.W. Psychology of Acculturation[C]// In: R.W.Brislin(ed.). Applied Cross-Cultural Psychology. Newbury Park, CA: Sage, 1990.

Boas, F. Introduction to Handbook of American Indian Languages[C]// Bureau of American Ethnology, Bulletin 40, pp.1-83. Washington, D.C.: Smithsonian Institute, 1911.

Brislin, R W. Understanding Culture's Influence on Behavior[M]. 2nd ed.Orlando, FL: Harcourt, Inc., 2000.

Brown, D L. Toward a Theory of Power and Intergroup Relations[C]// In: Advances in Experiential Social Processes, Vol. 1, Cooper & Alderfer, (Eds). New York: John Wiley and Sons, 1978.

Brown, H D. The Optimal Distance Model of Second Language Learning[J]. TESOL Quarterly, 1980(14): 157-164.

Byram, M. Teaching and Assessing Intercultural Communicative Competence[M]. Clevedon: Multilingual Matters, 1997.

Corbett, J B. An intercultural Approach to English Language Teaching[M]. Clevedon, U.K.: Multilingual Matters, 2003.

Hall, E T. The Silent Language[M]. New York: Doubleday, 1959.

Hall, E T. Beyond Culture[M]. New York: Doubleday, 1976.

Hanvey, G R. Cross-cultural Awareness[C]// Luce, L. & Smith, E.Toward Interna-
tionalism: Reading in Cross-cultural Communication. Cambridge: Newbury
House Publishers, 1979.

Kroeber, A L.& Kluckhohn, C. Culture: A Critical Review of Concepts and Definitions
[M]. New York: Vintage, 1952.

Leech, G. Principles of Pragmatics[M]. London: Longman, 1983.

Oberg, K. Culture to New Cultural Shock: Adjustment Environments[J]. Practical
Anthropology, 1960(7): 177-182.

Samovar, L A. & Porter, R E. & McDaniel, E R. Communication between Cultures (7th
edition)[M]. Boston: Wadsworth, 2010.

Sapir, E. Language: An Introduction to the Study of Speech[M]. New York: Harcourt,
Brace & Company, 1921.

Schumann, J H. Research on the Acculturation Model for Second Language
Acquisition[J]. Journal of Multilingual and Multicultural Development, 1986(7):
378-392.

Ting-Toomey, S. Communicating across Cultures[M]. New York: Guilford Press, 1999.

附　录

重要概念

1　文化适应

Schumann（1986）提出了"文化适应假说"。他认为，学习者只有适应了第二文化以后才能习得第二语言，文化适应的程度决定第二语言学习的程度。Schumann（1986）特别提出了"社会距离"这个概念，"社会距离"指的是学习者的原有文化与目的语文化之间的差异程度，"社会距离"是决定第二语言学习者文化适应模式的主要因素。

加拿大跨文化心理学家John Berry（1990）分析了不同人群的文化适应策略，他的文化适应模式是比较有影响的一个理论。Berry认为文化适应的过程是个人改变自我的过程，而个人处理跨文化适应的策略主要由两个因素决定：一是个人对保持自己原有文化传统和身份的态度，二是个人寻求与新环境主流文化建立新的人际关系的模式。这两种因素的相互作用，形成了四种不同的文化适应策略或模式：同化、分离、融合和边缘化。

（1）同化（assimilation）：这种适应模式是指个人不希望保持原来的文化传统和身份，寻求与新环境中的人们多进行日常交往，试图建立新的人际关系。

（2）分离（separation）：采取这种适应模式的人希望保持自己原有的文化身份、文化习惯和传统。

（3）融合（integration）：采取这种适应模式的人希望保持自己的原有文化，同时也接受新的文化的一些价值观念和行为方式，他们吸收和融合了两种文化中积极的方面。

（4）边缘化（marginalization）：采取这种适应模式的人对保持自己原有的文化传统没有兴趣，也不认同目的文化的价值观和行为方式。

2 文化休克

Oberg（1960）关于"文化休克"的描述：

> 文化休克是指由于失去了熟悉的社会交往符号而引起的焦虑。这些符号包括许许多多我们熟悉的日常生活情景的线索：如何发出命令，如何买东西，什么时候和什么地点进行回应。这些可能表现为语言、手势、面部表情、习俗或规范的线索是我们在成长过程中习得的，正像我们所使用的语言和所接受的信仰一样是我们文化的一部分。我们所有人的心灵平静和工作效率都依赖于这些线索，然而大多数线索我们并没有意识到。

他把短期旅居者的跨文化适应过程分为四个阶段：蜜月期、挫折期、恢复期和适应期。

（1）蜜月期：这是刚到一种新的环境中最初一两个星期的经历和感受。

（2）挫折期：这个时期也叫作"文化休克"阶段。

（3）恢复期：这是文化适应的第三个时期，随着时间的推移，原来觉得奇怪的事情渐渐习惯了，意识到了文化的差异。对于一些事情虽然仍不喜欢，但是可以接受和理解。

（4）适应期：对文化差异的了解更加深入，对文化的差异持有更客观、宽容的态度。

3 文化关键期假说

Brown（1980）提出了第二语言学习的"文化关键期假说"，后来他又把这种理论发展成"最佳距离模式"（optimal distance model）理论。Brown认为，第二语言和文化学习的最佳时期是当文化适应的某种条件得到满足的时期。具体说来，第二语言学习的最佳时期出现在文化适应的第三个阶段——恢复期。

4 刻板印象

刻板印象（stereotype）又叫作"成见"或"定型观念"，是指对一个群体成员特征的概括性看法。在跨文化交际中，刻板印象是一种普遍存在的现象。Brislin（2000）指出："不要以为刻板印象是一种反常的思维，相反，它的存在反映了人们为了达到目标和满足需要而组织、记忆并获得有用信息。"

刻板印象是文化的一部分。刻板印象是人们在社会化的过程中慢慢形成的，一旦形成就成为无意识的，人们很少去思考它是否正确。刻板印象的最大局限是以偏概全，忽视个体差异。

5 种族中心主义

种族中心主义（ethnocentrism），又叫"民族中心主义"或"文化中心主义"，是人类学的一个概念。种族中心主义指的是在思考和评价别的文化时，把自己的文化放在一切事物的中心位置，并且以自己文化的框架作为衡量的标准。

6 文化相对主义

文化相对主义是与种族中心主义相对的概念。它最早是由美国著名人类学家弗朗兹·博厄斯（Franz Boas）所倡导的。文化相对主义的观点包括两个方面：第一，每一种文化都有自己长期形成的独特历史，其形态并无高低之分；第二，任何一个民族都有自己的社会思想、世界观和道德观，人们不应该用自己的一套标准来衡量其他民族的文化。

7 移情

在跨文化交际研究领域，人们经常提到的一个重要概念是移情。Ting-Toomey（1999）认为："通过移情，我们愿意在想象中把自己置于与我们不同的别人的世界并体验他们所体验的东西。"

8 跨文化交际能力

Byram（1997）认为跨文化交际能力包括以下要素：

（1）态度：具有好奇心和开放意识，悬置对自己文化的深信不疑和对其他文化的不信任。

（2）知识：了解自己和对方所在的文化群体的习俗、产品以及社会交往的一般程序等方面的知识。

（3）解释和关联的技能：指能够解释其他文化的文献和事件，并能够联系自己文化的文献进行解释的能力。

（4）发现和交往的技能：指能够获得有关一种文化及其习俗的新知识的能力，以及在实际交往中运用知识、态度和技能的能力。

（5）批判性的文化意识：指对自己文化和其他文化的明确标准、视角、习惯和产品的批判性评价能力。

9　5C目标

美国《21世纪外语学习标准》（以下简称"美国标准"）明确了把文化理解纳入外语教学课程的要求，提出了外语教学的五个目标：交际（Communication）、文化（Cultures）、贯连（Connections）、比较（Comparisons）和社区（Communities），简称"5C目标"。

10　高语境文化和低语境文化

Hall（1976）是这样解释的：

> 高语境文化和低语境文化指的是，当人们进行交际时，他们对于倾听者知道多少所交谈内容的一种理所当然的想法。在低语境交际中，倾听者对于所谈内容知之甚少，必须明确地被告知所有的事情。而在高语境交际中，倾听者已经了解了语境，并不需要提供背景信息。

11　礼貌原则

Leech（1983）指出礼貌原则包括下面这些准则：

（1）得体准则

（2）慷慨准则

（3）赞扬准则

（4）谦虚准则

（5）一致准则

（6）同情准则

12　单时制文化和多时制文化

按照Hall（1976）的解释，单时制文化中的"时间是线性的，像一条道路或一根带子，可以切割，可以向前延伸到未来，向后延伸到过去"。多时制文化中的人们遵守的不是物理时间，而是生理时间。